Herbert Feldkamp

Räuchern & Pökeln

Die traditionelle Konservierung
von Fisch, Fleisch und Wurst neu entdeckt

LUDWIG

Inhalt

Zart geräucherte Putenbrust ist eine Delikatesse.

Eine traditionelle Räuchertenne – zu besichtigen im Freilichtmuseum Mühlendorf.

Ein geräucherter Schinken sollte bei keiner Brotzeit fehlen.

Vorwort

Selbst räuchern ist kostengünstig, leicht erlernbar, ermöglicht eine Vielzahl von kulinarischen Köstlichkeiten und macht unabhängig von der anonymen Massenware der Supermärkte.

Eine alte Kunst wird wieder entdeckt. Es ist noch nicht lange her, dass das jahrtausendealte Wissen des Räucherns, das noch unsere Großeltern besaßen, völlig in Vergessenheit zu geraten drohte. Außerhalb der kommerziellen Räuchereien war diese Kunst zumeist nur noch in Angelvereinen gepflegt worden. Gekauft wurde nur das, was hinter den Tresen von Supermärkten, Fleischereien und Fischgeschäften angeboten wurde.
Erst das immer ausgeprägtere und wachsende Gesundheitsbewusstsein und der Wunsch nach einer individuellen, naturverbundenen Ernährung haben diesen Trend ins Gegenteil verkehrt. Heute nutzen immer mehr Menschen ihre Freizeit dazu, längst verschollenes Wissen auszugraben und mit viel Engagement Produkte ihres Lebensbedarfes wieder selbst herzustellen.
Der Ratgeber »Räuchern und Pökeln« trägt diesem immer stärker werdenden Trend Rechnung. In leicht verständlicher und nachvollziehbarer Form führt er Schritt für Schritt in die Kunst des Räucherns ein. Anhand der Erläuterungen, der detailliert beschriebenen Rezepte und der Abbildungen bei den Grundrezepten wird auch der Neueinsteiger mit ein wenig Übung seine eigenen herzhaften Räucherspezialitäten herstellen können.

Dieses Buch richtet sich vor allem an Sie als Feinschmecker und begeisterten Hobbykoch, aber auch an Hausschlachter, Betreiber von Partyservicen, an Gastwirte und Hoteliers, die ihren Gästen etwas Besonderes bieten wollen. Dieses Buch wendet sich an alle, die ein würziges, individuelles Räucheraroma dem Einheitsgeschmack industrieller Fertigung vorziehen. Industrielle Massenware mag zwar mit den modernsten Maschinen und in genauester Übereinstimmung mit den gültigen Richtlinien, Gesetzen und Verordnungen hergestellt werden, doch ist sie leider nur auf den Durchschnittsgeschmack ausgerichtet.

Das ganz Besondere

Auch wenn Sie für Räucherwaren, gleich, ob Fleisch, Wurst oder Fisch, in den besten Fachgeschäften viel Geld ausgeben, das Besondere, die herzhafte Würze eines Wacholderschinkens oder den gerade noch wahrnehmbaren, zarten Rauchgeschmack eines Seezungenfilets werden Sie dort nicht finden. Mit solchen Feinheiten werden Sie sich und Ihre Gäste nur erfreuen können, wenn Sie selbst räuchern und Ihre ganz individuelle Geschmacksnote einbringen. Und was gibt es Schöneres, als seinen Freunden etwas kulinarisch Einmaliges anbieten zu können?

Die große Vielfalt der heutzutage im Handel erhältlichen Räucheröfen und die für jedermann einfach zu beschaffenden Rauchmittel und Gewürzmischungen garantieren, dass sich nahezu jeder Räucherwunsch erfüllen lässt.

Anregung – nicht Vorschrift

Betrachten Sie diesen Ratgeber jedoch nicht als eine Räuchervorschrift, der Sie buchstabengetreu folgen müssen (wenn es auch für den Anfänger beim Hobbyräuchern ratsam ist), nehmen Sie ihn als Leitfaden, den Sie ganz nach Ihren Vorstellungen und Bedürfnissen verändern können und auch sollen. Eventuell wird Ihnen am Anfang noch der ein oder andere Fehler unterlaufen. Lassen Sie sich aber davon nicht entmutigen. Auch hier gilt der bekannte Satz: »Übung macht den Meister.«

Selbst räuchern bietet nicht nur viele geschmackliche Vorteile, es ist auch erheblich preisgünstiger, als fertig Geräuchertes im Handel zu erwerben. Außerdem wissen Sie, dass die von Ihnen eingekaufte und dann selbst verarbeitete Ware von bester Qualität ist, vor allem wenn Sie Ihre Grundprodukte in Geschäften erwerben, die den Biolandverbänden angeschlossen sind (siehe Seite 91). Angst vor Gesundheitsschäden durch BSE oder die Schweinepest brauchen Sie nicht zu haben. Sie können Ihre Räucherprodukte mit ungeteilter Freude genießen und Ihren Freunden anbieten.

Dieser Ratgeber richtet sich besonders an alle Einsteiger beim Räuchern und Pökeln. Er führt Sie in leicht verständlichen und einfach nachvollziehbaren Schritten in die Kunst des Räucherns und Pökelns ein.

Die Kunst des Räucherns ist erlernbar. Die Ergebnisse werden Sie überzeugen.

Vom Räuchern

Unter »Räuchern« versteht man das Behandeln von Lebensmitteln mit Rauch von unbehandeltem, naturbelassenem Holz, vorwiegend Laubholz. Ursprünglich diente Räuchern dazu, Fleisch, Fisch und anderes für lange Zeit haltbar zu machen. Im Zeitalter der Tiefkühltruhen wird das Räuchern vorwiegend dazu benutzt, um unseren Gaumen mit raffinierten Aromatisierungen zu verwöhnen.

Das Geheimnis

Der Rauch, der unsere Waren umspielt, macht sie haltbar. Seine Inhaltsstoffe lassen Eiweiß gerinnen, wirken keimtötend, austrocknend und damit konservierend. Ob und wie wir würzen, bleibt der Phantasie jedes Einzelnen von uns überlassen.

Räuchern ist eine alte Kunst

Antike Funde belegen, dass Räuchern eine der ältesten Konservierungsmethoden der Menschheit ist. Sie hat sich im Wesentlichen bis auf den heutigen Tag unverändert erhalten.

Schon in der Steinzeit benutzten die Menschen Feuer und Rauch, um das Fleisch ihrer Jagdbeute über den Winter zu retten. Auf Holzgestellen wurde die Beute zum Trocknen ausgebreitet. Die stark qualmenden Feuer, die darunter angezündet wurden, mögen zunächst dazu gedient haben, die Insekten daran zu hindern, ihre Eier in dem Fleisch abzulegen. Sie sorgten aber auch dafür, dass das Fleisch konserviert wurde. Als unsere Urahnen später herausfanden, dass Salz ebenfalls ein hervorragendes Mittel zum Haltbarmachen war, entstanden Pökel- und Räucherverfahren, die sich über Jahrtausende bis heute im Wesentlichen unverändert erhalten haben. Richtig gesalzen und geräuchert, können sich Rauchwaren über viele Jahre halten.
Die Art und Weise, wie das Räuchergut dem Rauch ausgesetzt wird, hat sich erst in neuester Zeit ein wenig geändert. Noch bis in unser Jahrhundert hinein wurde vielerorts das Fleisch an die Balken der

Behausungen gehängt, um dort vom Rauch des täglichen Herdfeuers umströmt zu werden. In meiner norddeutschen Heimat gab es bis weit in die erste Hälfte dieses Jahrhunderts Katen, in denen so geräuchert wurde. Katen, so nannten sich die kleinen, mit Stroh bedeckten Häuser, in denen die Landarbeiter der großen Güter wohnten. Die Katen bestanden gewöhnlich aus einem Raum, der gleichzeitig als Küche, Wohnstube und Stall diente. Daneben gab es meist noch einen winzigen Raum als gemeinsame Schlafkammer. In der Mitte des Wohnraums befand sich am Boden eine Feuerstelle, auf der gekocht wurde. Einen Rauchabzug gab es nicht. Der Rauch stieg ungehindert zur Decke und von dort langsam durch das Strohdach nach außen. An den Balken unter der Decke hingen Schinken, Fleisch und Würste. So unvorstellbar uns so ein Leben erscheinen mag, so ganz ungesund kann es nicht gewesen sein, denn ich habe Anfang der neunziger Jahre noch mit einem Mann gesprochen, der in so einer Kate zwischen Schinken und Vieh aufgewachsen war. Jetzt war er über 90, geistig rege und Besitzer einer Großräucherei. Heute ist Schinken, der in den früheren Armeleutehütten geräuchert wird, als Katenschinken eine weit verbreitete Delikatesse.

Räuchern ist wie kochen eine Kunst. Ihrer Kreativität sind keine Grenzen gesetzt. Durch die richtige Auswahl des Rohmaterials und der Gewürze sowie durch Variieren der Pökel- und Räucherabläufe können Sie immer neue Delikatessen kreieren.

In einer solchen Räucherkate, wie sie hierzulande vor allem in Norddeutschland zu finden ist, wird der typische Katenschinken hergestellt.

Räuchern ist mehr als Konservieren

Mit der Einführung von Tiefkühltruhen und Gefrierschränken verlor das Räuchern seine Bedeutung als Hauptkonservierungsmethode. Diese Aufgabe übernahmen die Tiefkühlgeräte. In ihnen können Waren ohne große Einbuße an Frische oder Nährwert über lange Perioden gelagert werden. Heutzutage wird fast ausschließlich aus kulinarischen Gründen geräuchert. Damit ist es zu einer Herausforderung, aber auch Chance für Hobbyköche, Gastwirte, Hoteliers und Kleinvermarkter geworden. Mit Hilfe von unterschiedlichen Gewürzen oder individuellen Gewürzmischungen sowie Variationen von Räuchermitteln und -zeiten können Sie Räucherwaren kreieren, die Ihre ganz persönliche Note tragen. Keine Großräucherei wird diese Vielfalt herstellen können.

Nicht nur für Räucherfans, auch für Gastwirte und Selbstvermarkter lohnt sich das Selbsträuchern. Die Investition für die Räucheranlage lässt sich durch die geringen Herstellungskosten der Räucherwaren schnell amortisieren.

Aber Selberräuchern vermag noch sehr viel mehr. Mit Hilfe eines kontrollierten Räucherablaufs können Sie Geschmack, Geruch, Struktur und Aussehen der Räucherware so variieren, dass Sie dabei Nuancen erzeugen, wie sie Ihnen mit den herkömmlichen Kochmethoden niemals gelingen würden. Da der heutige Stand der Technik es dem Räucherfreund ermöglicht, sowohl größere Mengen für Fest- und Feiertage als auch einzelne Portionen zu räuchern, hat sich das Räuchern zu einem immer beliebter werdenden Hobby entwickelt. Nach eigenen Rezepten Geräuchertes wird nicht nur die Familie und die Freunde begeistern, sondern auch bei den verschiedensten Gelegenheiten ein willkommenes Geschenk sein. Bringen Sie statt Blumen doch einmal einen selbst geräucherten Schinken zu einer Einladung mit.

Räuchern – nur auf dem Land?

Früher hatte jeder Bauernhof seine eigenen Räucherkammern. Sie waren meistens so groß, dass sie Schinken und Würste von zwei bis drei Schweinen gleichzeitig aufnehmen konnten. Diese Räucherkammern können immer noch benutzt werden, sofern sie für die heutigen Bedürfnisse nicht zu groß sind. Großfamilien, wie sie früher üblich waren, gibt es heute auch auf dem Land kaum noch. Der Bedarf an

Räucherwaren ist deshalb erheblich geringer. Wer zum Vergnügen räuchert, wird kaum ein ganzes Schwein verarbeiten wollen, sondern nur Teilstücke davon. Die Industrie hat sich auf die veränderten Bedürfnisse eingestellt und Räucheranlagen entwickelt, mit denen in jeder gewünschten Größenordnung geräuchert werden kann. Solche Anlagen sind selten größer als ein Kleiderschrank und können sowohl auf einem Bauernhof als auch im Garten oder im Keller eines Einfamilienhauses aufgestellt werden. Voraussetzung bei Aufstellung in einem geschlossenen Raum ist allerdings, dass der Luftabzug des Räucherschrankes an einen Kamin angeschlossen werden kann. Die Rauch- und Geruchsbelästigung, die von einem Räucherofen im Freien verursacht wird, ist nicht größer als die von einem Gartengrill. Mit besonders für das »In-Door-Räuchern« entwickelten Geräten kann sogar in Küchen und auf Balkonen geräuchert werden. Rauchbelästigung gibt es kaum, und die Geruchsbelästigung ist geringer als beim Braten in einem Elektroherd. Der Räucherfreund, der im sechsten Stock eines Hochhauses wohnt, braucht daher nicht auf den Genuss von Selbst Geräuchertem zu verzichten. Im Kapitel »Räucheranlagen, Räucheröfen und Zubehör« (siehe Seite 36ff.) werden wir auf ein Spezialgerät, das sowohl für den Hobbyräucherer als auch für das professionelle Räuchern geeignet ist, näher eingehen.

Heutzutage können Sie überall räuchern. Der Handel bietet für nahezu jeden Bedarf und Geldbeutel die geeignete, umweltverträgliche Räucheranlage an.

Ein teures Hobby?

Wer glaubt, etwas selbst zu räuchern sei besonders kostspielig, der irrt. Ein kleiner Vergleich soll zeigen, dass Sie durch Räuchern viel Geld sparen können, insbesondere wenn Sie das Geräucherte an Freunde weiterverkaufen oder an einen Gastwirt, Hotelier oder einen Partyservice etc. weitervermarkten.

Nehmen wir an, Sie haben sich einen Räucherschrank aus eigenen Mitteln gebaut (Näheres finden Sie hierüber im Kapitel »Räucheranlagen, Räucheröfen und Zubehör« Seite 36ff.), dann ergeben sich folgende Ersparnisse. Die angegebenen Preise verstehen sich selbstverständlich als Durchschnittspreise, ohne die Investition des Gerätes zu berücksichtigen.

Räucherware	Preis geräuchert	Preis frisch	Ersparnis
1 kg Schinken von der Pape	DM 36,00	DM 12,00	DM 24,00
1 kg Lachsschinken	DM 35,00	DM 13,00	DM 22,00
1 kg durchwachsener Speck	DM 18,00	DM 6,00	DM 12,00
1 kg Putenbrust	DM 30,00	DM 12,00	DM 18,00
1 kg Gänsebrust	DM 50,00	DM 18,00	DM 32,00
1 kg Mettwurst	DM 15,00	DM 8,00	DM 7,00
1 Forelle (300 g)	DM 8,00	DM 1,10	DM 6,90
1 Makrele (400 g)	DM 7,00	DM 1,00	DM 6,00
1 Aal (500 g)	DM 30,00	DM 13,50	DM 16,50

An diesen wenigen Beispielen können Sie erkennen, wie Selbsträuchern Ihr monatliches Budget entlasten kann, zumal der Aufwand für Räuchermittel und Gewürze gering ist. Selbst wenn Sie sich ein Räuchergerät kaufen, haben sich die Ausgaben von etwa 500 DM bereits nach dem Räuchern von 25 Kilogramm Lachsschinken amortisiert. Auch für den Hobbyräucherer dürfte eine solche Investition kaum ins Gewicht fallen, wenn man davon ausgeht, dass die Geräte bei sachgerechter Behandlung kaum störanfällig sind und eine fast unbegrenzte Lebensdauer besitzen.

Was eignet sich zum Räuchern?

Auch Nudel-, Kartoffel- oder Fleischaufläufe bekommen einen pikanten Geschmack, wenn sie kurz vor dem Servieren in heißem Rauch überräuchert werden.

Räuchern kann man so ziemlich alles, selbst Käse, Eier, Aufläufe, Bier und Whisky. Im Wesentlichen beschränkt man sich jedoch auf Fleisch (Schinken, Wurst) und Fisch.

Fleisch

An erster Stelle steht Schweinefleisch. Fast jedes Stück vom Schwein eignet sich zum Räuchern, wobei die klassischen Räucherstücke Schinken, Haxen, Koteletts und Speckseiten sind. Bei Rindern, Kälbern, Schafen, Heidschnucken und Ziegen sowie bei Schwarz-, Rot-, Dam-, Reh- und Gamswild werden vorwiegend die Keulen geräu-

chert. Geflügel (Puten, Gänse, Enten, Hühner) kann entweder im Ganzen oder in Teilen wie Brust und Keulen geräuchert werden. Geräucherte Gänse- oder Putenbrust sind Delikatessen.
Fleischprodukte wie z. B. Würste sind ebenfalls wichtige Räucherwaren. Sie bekommen erst durch das Räuchern das spezifische Aussehen, Struktur, Geschmack und ihre Haltbarkeit.

Eine Delikatesse von der Ostseeküste sind Kieler Sprotten. Hierbei handelt es sich um etwa fingerlange Fische, die zwischen Mai und November in der Kieler Bucht gefangen und vor Ort geräuchert werden.

Fisch
Von den Salzwasserfischen werden vorwiegend Hering, Makrele, Steinbutt, Scholle, Seezunge, Dorsch, Seelachs, Lachs, Dornhai (Schillerlocken) und Rotbarsch geräuchert. Bei Süßwasserfischen sind es hauptsächlich Aal, Barsch, Forelle, Renke, Blei, Schleie, Karpfen und Plötze, die durch den Rauch ein wunderbares Aroma bekommen. Neben den hier angesprochenen Fleisch- und Fischarten kann auch das Fleisch von Hasen, Kaninchen, Fasanen, Rebhühnern, Wachteln sowie von Fischen wie Seehecht, Schellfisch, Hecht und Zander geräuchert werden. Welches Fleisch oder welchen Fisch Sie nun zum Räuchern verwenden, hängt allein von Ihrem Geschmack und Ihren Vorlieben und denen Ihrer Freunde und Gäste ab. Und probieren Sie doch einmal, Käse, Früchte oder Nüsse zu räuchern.

Wählen Sie das Räuchergut sorgfältig aus

Achten Sie darauf, dass Sie nur einwandfreie und gesunde Ware verwenden. Schweine und andere Warmblüter sind äußerst sensible und schnell erregbare Tiere. Sie müssen stressfrei geschlachtet worden sein. Man darf sie auch auf dem Weg zum Schlachtplatz nicht geschlagen oder gestoßen haben. Das ist an und für sich etwas Selbstverständliches, alles andere ist Tierquälerei; die kommt allerdings nicht gerade selten vor. Stress erhöht den pH-Wert des Fleisches erheblich. Es lässt sich dann sehr viel schlechter pökeln und räuchern, ist nicht lagerfähig und verdirbt schnell. Auch Blutergüsse, die hauptsächlich durch Stoßen, Schlagen oder Hetzen der Schlachttiere verursacht werden, verderben das Räuchergut, wenn sie beim Schlachten nicht entdeckt und anschließend sofort entfernt wurden.

Auch wenn Sie durch intensives, würziges Räuchern einen besonders herzhaften Geschmack erzeugen können, Wunder werden Sie auch durch Räuchern bei solchem Fleisch nicht vollbringen können. Fleisch, das alt, ausgelaugt und möglicherweise leicht verdorben ist, werden Sie durch Räuchern nicht wieder frisch, saftig und schmackhaft machen können.
Denken Sie immer daran: Nur aus qualitativ hochwertigem Fleisch kann ein erstklassiges Räuchergut entstehen, mit dem Sie sich, Ihren Angehörigen, Freunden und Gästen Freude bereiten können.

Ratschläge zum Einkauf

Es wird immer beliebter, Schweine, Kälber, Rinder oder Geflügel beim Bauern in »Pension« aufziehen, mästen und schlachten zu lassen. Der Verbraucher kann so sicherstellen, dass er nur qualitativ hochwertiges Fleisch aus artgerechter Tierhaltung erhält.

Fleisch und Fisch können Sie in allen Fachgeschäften kaufen. Die in der EU und in Deutschland gültigen rechtlichen Bestimmungen sollen garantieren, dass nur absolut einwandfreie Ware an die Verbraucher verkauft wird.

Fleisch

Grundsätzlich können Sie Ihr Fleisch in jeder Fleischerei, Metzgerei kaufen. Das gilt auch für die Fleischtheken in Supermärkten. Allerdings ändern auch die besten Bestimmungen nichts an der Tatsache, dass es immer wieder einigen kriminellen Händlern gelingt, allgemein gültige Verordnungen zu umgehen. Wollen Sie Geld sparen, können Sie ohne irgendwelche Bedenken zu haben auch nach Sonderangeboten in Supermärkten Ausschau halten. Bei den Sonderangeboten handelt es sich nicht um minderwertiges Fleisch, denn es unterliegt den gleichen strengen Qualitätsnormen wie jedes andere Fleisch auch, sondern meistens um Lockangebote.

Fleisch vom Ökobauern

Möchten Sie absolut sichergehen, dass Sie nur Fleisch von artgerecht gehaltenen und stressfrei geschlachteten Tieren kaufen, und stört es Sie nicht, wenn Sie etwas mehr für das Kilogramm Fleisch ausgeben müssen, dann sollten Sie es bei einer ökologischen Metzgerei oder einem Bauern mit ökologischer Tierhaltung kaufen. Auch in einigen

Kaufhäusern gibt es bereits Fleischtheken, die ökologisches Fleisch verkaufen. Tiere aus ökologischer Tierhaltung dürfen nicht mit Antibiotika, Hormonen, Beruhigungsmitteln oder Psychopharmaka behandelt werden. Ist Ihnen keine ökologische Fleischerei oder keine ökologische Tierhaltung bekannt, können Sie über die Zentralen der Bioland-Landesverbände entsprechende Adressen erfragen. Eine Anschriftenliste der Bioland-Verbände innerhalb der Bundesrepublik Deutschland finden Sie im Anhang. Unter der Bezeichnung »Bioland« verbirgt sich die Arbeitsgemeinschaft Ökologischer Landbau, in der Landbauverbände wie Demeter, Bioland, Biokreis, Naturland etc. organisiert sind.

Schinken und Wild

Wollen Sie Schinken räuchern, so müssen Sie beim Einkauf darauf achten, dass das Fleisch zwar abgehangen (gereift), aber nicht älter als drei Tage ist. Eine alte Bauernregel besagt, dass der Schinken spätestens am dritten Tag nach der Schlachtung gepökelt sein muss, damit sich der gewünschte Erfolg einstellt.

Fleisch, das zum Räuchern verwendet werden soll, muss gut abgehangen sein. Fisch hingegen sollte stets so frisch wie möglich verarbeitet werden.

Wildfleisch bekommen Sie in jedem Wildfachgeschäft. Wie das Fleisch von Schweinen, Rindern und anderen Tieren unterliegt es strengen Qualitätsanforderungen. Sie können das gewünschte Stück auch direkt von einem Jäger kaufen. Nehmen Sie dazu mit dem örtlichen Hegering Verbindung auf, oder wenden Sie sich an den für Sie zuständigen Kreisjagdverband. Die Adressen finden Sie in jedem Telefonbuch.

Fisch

Fisch können Sie in jedem Fischfachgeschäft kaufen. Die modernen Kühltechniken ermöglichen es, dass Sie Seefisch in Süddeutschland genauso frisch wie in Norddeutschland kaufen können. Wohnen Sie an der Küste, sollten Sie zu einem Hafen fahren und den Fisch fangfrisch vom Kutter erwerben. Sie unternehmen dabei an einem sehr frühen Morgen nicht nur einen interessanten Ausflug, sondern bekommen den frischesten Fisch, den Sie je erwerben können, und er ist in der Regel noch erheblich billiger als im Fischgeschäft.

Das Gleiche gilt für fangfrische Fische aus den Seen und Flüssen des Binnenlandes. Erfragen Sie bei den Fischereiverbänden, wer fangfrischen Fisch ab Boot verkauft.
Forellen und Karpfen können Sie bei den Zuchtanstalten kaufen. Die Anschriften stehen im Telefonbuch oder können bei den Fischereiverbänden erfragt werden.

Wie gesund sind Räucherwaren?

Fleisch und Fisch liefern wichtige Nährstoffe für den Organismus. Besonders körperlich schwer arbeitende und nervlich stark belastete Menschen sollten genauso wie Sportler hochwertige Fleisch- und Fischprodukte essen.

Fleisch und Fisch liefern Nährstoffe, die für unseren Körper nicht nur bei starker Belastung lebensnotwendig sind. Über das Fleisch werden hochwertiges Eiweiß, Fettsäuren, Vitamine, Mineralien und Spurenelemente aufgenommen.
100 Gramm mittelfettes Fleisch liefern:

	Schwein	Rind	Kalb	Schaf	geräuch. Schinken		Mettwurst
					roh	gekocht	
Eiweiß (g)	18	15	16	13	16	12	19
Fett (g)	21	18	3	20	29	51	20
Natrium (mg)	—	75	75	75	2200	1070	850
Kalium (mg)	330	275	260	265	215	210	340
Kalzium (mg)	8	8	10	7	9	13	10
Phosphor (mg)	150	125	160	135	180	155	155
Eisen (mg)	2	2,4	1,7	1,8	2	1,6	2,4
Vitamin A	—	10	—	—	—	—	—
Vitamin B_1 (mg)	0,7	0,05	0,1	0,1	0,5	0,2	0,5
Vitamin B_2 (mg)	0,15	0,15	0,2	0,1	0,2	0,15	0,25
Vitamin B_3 (Niazin) (mg)	3,5	4	5	3	3	2,5	3,5

Besonders wichtig ist es für den menschlichen Organismus, dass er ausreichend Eiweiß aufnimmt. Das Eiweiß wird vom Körper in Aminosäuren, die Grundbausteine des Lebens, umgewandelt. Etwa 20 verschiedene Arten von Aminosäuren sind heute bekannt. Zehn davon sind lebensnotwendig (essenziell). Da der Körper sie nicht selbst produziert, müssen sie über die Nahrung aufgenommen werden. Fleisch

und Fisch eignen sich hierzu besonders gut. Beide sind reich an so genanntem hochwertigen Eiweiß. Hochwertig bedeutet, dass Fleisch und Fisch zahlreiche essenziellen Aminosäuren enthalten. Im pflanzlichen Eiweiß kommen sie nicht in der Vielfalt und auch nicht in der Menge vor.
Ein paar Zahlen zum Vergleich: 100 Gramm der nachstehenden Nahrungsmittel enthalten folgende Mengen an essenziellen Aminosäuren:

Schwein (Muskelfleisch)	1.140 mg
Rind (Muskelfleisch)	1.226 mg
Weizen	319 mg
Rosenkohl	156 mg

Ein Mangel an Aminosäuren kann zu schweren körperlichen und psychischen Erkrankungen führen.

Das Nervensystem benötigt hochwertiges Eiweiß. Ein Mangel an Eiweiß kann sich in nervöser Reizbarkeit und Depressionen äußern. Da tierische Produkte in der Regel hochwertigeres Eiweiß als pflanzliche enthalten, ist gerade ihr Verzehr für einen stabilen Haushalt wichtig.

Fisch – der beste Eiweißlieferant

Fisch ist ebenfalls ein hervorragender Eiweißlieferant. Da er nur wenig Kollagen besitzt, ist er leicht verdaulich. Fischfleisch ist darüber hinaus reich an Enzymen und enthält wenig Fett, das obendrein zum großen Teil aus den gut bekömmlichen ungesättigten Fettsäuren besteht. Fisch sollte nicht nur eine gesundheitsfördernde Normalkost sein, er kann auch als Diät bei verschiedenen Krankheitsbildern eingesetzt werden. Um den Aminosäurehaushalt ausgeglichen zu halten, sollte etwa die Hälfte des täglichen Eiweißbedarfs über Fleisch oder Fisch aufgenommen werden. Bei körperlichen Tätigkeiten, beispielsweise beim Sport, bei schwerer körperlicher Arbeit wie etwa in der Baubranche o. Ä., sollten es sogar zwei Drittel des täglichen Bedarfs sein.
Räuchern behandelt Fleisch und Fisch besonders schonend. Die Vitamine und Mineralien werden nicht wie beim Braten oder Kochen ausgewaschen, sondern verbleiben im Fleisch. Dadurch, dass vor allem beim Kalträuchern dem Fleisch wie dem Fisch Wasser entzogen wird, die Nährstoffe aber fast völlig im Räuchergut bleiben, ist der Nährwert des Räuchergutes pro Gewichtseinheit um etliches höher als bei der Frischware.

Auch beim Räuchern gibt es Risiken

Bei allen Vorteilen, die uns der Verzehr von Fleisch und Fisch bringt, soll nicht unerwähnt bleiben, dass Räucherwaren, sofern sie nicht richtig geräuchert sind, gesundheitliche Risiken in sich bergen. Wie beim Verbrennen von jedem anderen organischen Stoff entstehen auch bei der Verbrennung oder dem Verglimmen von Rauchmitteln und beim Verbrennen von Fett so genannte polyzyklische aromatische Kohlenwasserstoffe (PAK). Besonders eine von diesen Verbindungen, das Benzpyren, steht im Verdacht, Krebs erregende Eigenschaften zu besitzen. Die PAK werden mit Hilfe des Rauches auf dem Räuchergut abgelagert und, für den Fall, dass die äußere Schicht des Räuchergutes mitgegessen wird, auch mitverzehrt. Sind sie einmal in ihrem Körper, können sie erheblichen Schaden anrichten. Auch beim herkömmlichen Grillen mit Holzkohle entstehen in größerem Umfang PAK und lagern sich auf dem Grillgut ab. Trotzdem werden die wenigsten Menschen bei einer Gartenparty auf gegrillte Steaks oder Würstchen aus gesundheitlichen Gründen verzichten, denn Gegrilltes verzehrt man schließlich nicht jeden Tag.

Nehmen Sie die möglichen gesundheitlichen Risiken durch PAK ernst, aber lassen Sie sich dadurch auch nicht verunsichern. Wenn Sie den Hinweisen in diesem Ratgeber folgen, werden Sie gesund und ohne Risiko räuchern.

Zum Schutz vor einer eventuellen gesundheitlichen Gefährdung hat der Gesetzgeber für das möglicherweise Krebs erregende Benzpyren einen Grenzwert von 1 ppb ($^{1}/_{1000}$ Milligramm Benzpyren pro Kilogramm Räuchermasse) festgelegt. Wie niedrig dieser Wert angesetzt ist, zeigt, dass beispielsweise der Benzpyrengehalt (nach Messungen Ende der sechziger Jahre) in anderen pflanzlichen Lebensmitteln wie Kopfsalat, Endiviensalat, Grünkohl, Porree, Tomaten, Sonnenblumenöl, Tee etc. erheblich über diesem Wert liegt. Die Belastung des Räuchergutes mit den vermutlich Krebs erregenden Substanzen kann jedoch weitgehend durch richtiges Räuchern ausgeschaltet werden. Was aber unter richtigem Räuchern zu verstehen ist, wird ausführlich im Kapitel »So wird richtig geräuchert« (siehe Seite 18ff.) beschrieben.

Trotz der bei der allgemeinen Raucherzeugung entstehenden, vermutlich Krebs erregenden Stoffe ist und bleibt das Räuchergut bei richtigem Räuchern, wie es in diesem Buch beschrieben wird, ein nährstoffreiches, gesundes Lebensmittel.

Die gesetzlichen Bestimmungen

Wenn Sie nur zum Spaß räuchern, dann sind Sie fein heraus. In diesem Fall können Sie tun und lassen, was Sie wollen, vorausgesetzt natürlich, dass Sie Ihre Nachbarn nicht in unzumutbarer Weise belästigen. Sollte es trotzdem einmal vorkommen, dann können Sie sie sicher mit einer frisch geräucherten Forelle oder einem Stück Schinken besänftigen.

Räuchern Sie, um das Räuchergut »in den Verkehr zu bringen«, z. B. als Gastwirt, Hotelier, Hausschlachter oder sonstiger Selbstvermarkter, dann gelten für Sie selbstverständlich alle Bestimmungen und Vorschriften (Lebensmittel- und Bedarfsträgergesetz, Nitritgesetz, Fleisch-Verordnung etc.), die für die gewerbliche Räucherwirtschaft gültig sind. Ein Nichtbeachten kann teuer werden! Wenn Sie Ihr Räuchergut weiterverkaufen wollen, sollten Sie sich, bevor Sie mit dem Räuchern beginnen, beim zuständigen Kreisveterinäramt und bei der Handwerkskammer nach den geltenden Bestimmungen erkundigen und sich gründlich beraten lassen. Die Adressen der zuständigen Ämter finden Sie in Ihrem Telefonbuch.

Um eine Gesundheitsgefährdung durch den Verzehr von geräucherten Fleischwaren auszuschließen, hat der Gesetzgeber den Grenzwert für das möglicherweise Krebs erregende Benzpyren festgelegt.

Professionelle Fischräuchereien finden sich häufig in Küstengegenden oder an Binnenseen.

Fleisch, das später geräuchert werden soll, wird in einer solchen Pökellake zunächst nassgepökelt.

So wird richtig geräuchert

Räuchern, insbesondere Kalt- und Warmräuchern, ist ohne vorheriges Pökeln der Frischware nicht denkbar. Das frische Fleisch und/oder der frische Fisch sind sehr anfällig gegen schädliche Mikroorganismen. Beide würden während des nur langsam voranschreitenden Räuchervorganges verderben. Um richtig zu räuchern, sind deshalb folgende Arbeitsschritte erforderlich:

- Salzen und Pökeln
- Durchbrennen
- Räuchern
- Reifen

Salzen und Pökeln

Unter Räuchern versteht der Gesetzgeber die Behandlung von Fleischerzeugnissen mit frisch entwickeltem Rauch aus naturbelassenen Hölzern, Zweigen, Heidekraut oder Nadelholzsamenständen.

Von Salzen wird gesprochen, wenn das zu räuchernde Gut nur mit Salz behandelt wird. Gesalzen werden Fleisch und Fleischwaren, bei denen man auf eine Umrötung verzichtet, z. B. fetter Speck. Auch Fische werden vorwiegend mit Salz behandelt.

Pökelstoffe

Unter Pökeln (in Österreich und im deutschsprachigen Teil Südtirols auch Einsuren) versteht man das Haltbarmachen von Fleisch und Fleischwaren mit Hilfe von Salz und Salpeter oder Salz und Nitrit in Form von Pökelnitritsalz.

Salz

Salz ist der wichtigste Grundstoff. Verwendet wird gewöhnlich reines Kochsalz. Die konservierende Wirkung ist stark konzentrations- und zeitabhängig. So werden beispielsweise Salmonellen bei einer achtprozentigen Salzkonzentration erst nach 75 bis 80 Tagen abgetötet. Sieht man einmal von Produkten, die durch intensives Salzen haltbar gemacht werden (z. B. Salzhering) ab, ist das Salzen eine unerlässliche Vorstufe für das endgültige Konservieren durch Räuchern.

Salpeter (Nitrat)

In der Bundesrepublik darf Salpeter nur in Form von Kaliumnitrat (KNO_3) verwendet werden. Es dient zum Umröten und zur geschmacklichen Verbesserung von Fleischwaren. Unter Umrötung versteht man eine Farbänderung des Muskelfleisches, die mit Hilfe der Pökelstoffe bewirkt wird. Das Fleisch erhält seine typische Pökelfarbe aufgrund von chemischen Prozessen von Nitrat/Nitrit mit Eisenatomen im Muskel- und Blutfarbstoff.

Salpeter darf nur für Schinken, die aus mehr als einem Teilstück (Ober-, Unterschale, Nuss etc.) bestehen, und für Dauerwürste verwendet werden. Waren, die mit Salpeter behandelt wurden, müssen vor dem Verzehr mindestens vier Wochen reifen. Dabei wird im Fleisch das Nitrat zunächst zu Nitrit, danach zu salpetriger Säure (HNO_2) und zuletzt zu Stickstoffmonoxid (NO) umgewandelt.

Die Zusatzmenge und der Restgehalt dürfen für Schinken 600 Milligramm KNO_3 pro Kilogramm und für Dauerwürste 300 Milligramm pro Kilogramm betragen. Wird Salpeter in Kombination mit Nitrit für die Umrötung von mehrteiligen Schinken verwendet, muss der Salpeteranteil auf 300 Milligramm pro Kilogramm reduziert werden. Der Restgehalt von Nitrat und Nitrit darf insgesamt 600 Milligramm nicht übersteigen.

Natriumnitrit darf nur in Verbindung mit Kochsalz als Nitritpökelsalz zu Hause gelagert werden. Als Reinsubstanz darf es nach der Zusatzstoff-Verkehrs-Verordnung in Lebensmittelbetriebe weder verbracht noch dort aufbewahrt oder gelagert werden.

Nitritpökelsalz

Nitritpökelsalz besteht aus Kochsalz und einer Zugabe von 0,4 bis 0,5 Prozent Natriumnitrit ($NaNO_2$). Es kommt bereits fertig gemischt in den Handel und wird heute wegen seiner schnelleren Umrötungseigenschaften gerne anstelle von Salz und Salpeter zum Pökeln genommen. Allerdings erzeugt es eine nicht ganz so intensive und stabile Röte wie Salpeter. Auch ist der Pökelgeschmack weniger ausgeprägt.

Nach der Fleisch-Verordnung dürfen mehrteilige Rohschinken 150 Milligramm, alle anderen Fleischwaren einschließlich Rohschinken, die nur aus einem Stück bestehen, 100 Milligramm pro Kilogramm Fertigware aufweisen.
Nach der EG-Richtlinie 95/2/EG (»Über andere Lebensmittelzusatzstoffe als Farbstoffe und Süßungsmittel«) vom 20. 02. 1995 dürfen höhere Nitrat- und Nitritmengen verwendet werden. Außerdem darf allen gepökelten Fleischerzeugnissen Natriumnitrat oder Kaliumnitrat zugesetzt werden. Die EG-Richtlinie muss im deutschen Lebensmittelrecht berücksichtigt werden.

Pökelhilfsstoffe

Unter Pökelhilfsstoffen versteht man Zusätze, die den Umrötungsprozess des Fleisches verstärken und beschleunigen. Sie sind mit Ausnahme von Zucker hauptsächlich für die gewerbliche Wirtschaft interessant.

Pökelhilfsstoffe bewirken, dass die Umrötung, d.h., dass das Fleisch eine schöne rote Farbe bekommt, beschleunigt wird. Außerdem kann man spezielle Geschmacksnuancen erzielen.

Zucker

Zucker kann als Traubenzucker, Rübenzucker, Mehrfachzucker oder als ein Zuckerkombinat zugesetzt werden. Im Hobby- oder Kleinvermarkterbereich wird in der Regel normaler Haushaltszucker verwendet. Der Zucker wird im Fleisch zu Säure abgebaut, der pH-Wert des Fleisches sinkt, und der Umrötungsprozess wird beschleunigt.

Askorbinsäure

Hierbei handelt es sich um Vitamin C. Es wird als Reduktionsmittel eingesetzt, um das Nitrit schnell abzubauen und die Umrötung zu beschleunigen. Vitamin C wird vorwiegend im kommerziellen Bereich eingesetzt, um die Waren schnell verkaufsfertig zu machen. Im Hobbybereich können wir weitgehend auf Askorbinsäure verzichten.

Gewürze

Durch Zugabe von Gewürzen wie Pfefferkörnern, Nelken, Lorbeerblättern, Sellerie, Zwiebeln etc. zur Pökellake können ganz individuelle Geschmacksnuancen entstehen. Wichtig: Nicht zu scharf würzen.

Einige Räucherwaren, z. B. fetter Speck oder Fisch, werden vor dem Räuchern nicht gepökelt, sondern lediglich mit Salz eingerieben.

Beim Würzen von Laken für Fische müssen Sie besonders behutsam vorgehen, damit der Geschmack der Fische nicht übertönt wird. Besonders Aale, Renken, Forellen, Karpfen und Hechte sowie die meisten Seefische haben einen ausgeprägten Eigengeschmack. Mit dem Würzen sollten Sie nur das individuelle Aroma unterstreichen. Als Faustregel gilt: Helle, milde Gewürze für zartes und feines Fleisch, dunkle, kräftige Gewürze für deftiges Fleisch.

Was geschieht beim Salzen und Pökeln?

Durch das Einsalzen oder Pökeln wird den Zellen Wasser entzogen und durch Salz ersetzt. Dadurch wird der Lebensraum der Mikroorganismen eingeschränkt, und ihr Wachstum verlangsamt sich. Durch den Zusatz von Nitrit wird die Entwicklung einiger Organismen noch weiter gehemmt. Das Fleisch wird lagerfähig.
Die Salpetersalze (Nitrat oder Nitrit) sorgen außerdem dafür, dass die natürliche rote Farbe des Fleisches nicht verloren geht, sondern noch verstärkt wird. Der Salpeter wird im Fleisch durch Mikroben zu Ni-

Neben dem Umröten und der Entwicklung des spezifischen Pökelaromas entstehen beim Abbau von Nitrit und Nitrat auch antioxidative Effekte. Diese chemischen Reaktionen im Muskelfleisch verhindern ein Ranzigwerden von Fett.

trit abgebaut, das durch die Säure im Fleisch zu Stickstoffmonoxid umwandelt wird. Dieses verbindet sich mit dem Eisen im Muskelfarbstoff und erzeugt die kräftige Röte. Durch Zugabe von Zucker kann dieser Vorgang beschleunigt werden. Anschließendes Durchbrennen (siehe Seite 28), Räuchern und Reifen stabilisieren die noch empfindliche Röte. Das so behandelte Fleisch wird beim Kochen oder Braten nicht mehr grau, sondern behält seine appetitliche Farbe. Lässt man die Pökelsalze mehrere Tage auf das Fleisch einwirken, bilden sich beim Abbau der Pökelzusätze die spezifischen, wohlschmeckenden Aromastoffe.

Heute liegt die Bedeutung des Pökelns weniger in der Haltbarmachung des Fleisches, als vielmehr in seiner geschmacklichen und farblichen Verbesserung. Je nach Fleischbeschaffenheit und/oder Verwendungszweck kann nach vier verschiedenen Methoden gepökelt werden:

- Trockenpökeln
- Nasspökeln
- Kombiniertes Trocken-Nass-Pökeln
- Schnell- oder Spritzpökeln

Pökelverfahren

Beim Trockenpökeln von Schinken ist es besonders wichtig, dass das Pökelsalz entlang den Knochen bis zu den Gelenken gepresst wird, damit den Gelenken das schnell verderbliche Gelenkwasser entzogen wird.

Ware, die zum Pökeln ausgesucht wird, soll möglichst wenig Bindegewebe enthalten, da dieses durch das Pökeln hart wird.

Trockenpökeln

Die Trockenpökelung wird vor allem für Rohschinken und andere Dauerwaren verwendet. Das Fleisch wird beim Trockenpökeln aus einer Mischung von Salz, Salpeter und Zucker kräftig von allen Seiten eingerieben. Es sollte dazu in einer Schüssel liegen, damit das herunterfallende Salz aufgefangen wird und wieder verwendet werden kann. Das Pökelgut muss anschließend an allen Stellen mit einer dicken Salzschicht bedeckt sein. Furchen im Fleisch und die Verbindungsstellen von Knochen und Fleisch müssen ganz besonders sorgfältig gesalzen werden, da sie extrem anfällig gegen den Befall von schädlichen Mikroorganismen sind. Entlang den Knochen wird das Pökelsalz daher so weit wie irgend möglich in die Tiefe gedrückt, bei ganzen Schinken möglichst bis hinunter zu den Gelenken, damit das Salz dort das leicht verderbliche Gelenkwasser entziehen kann. Anstelle einer Salz-Salpeter-Mischung kann hierfür auch Nitritpökelsalz verwendet werden.

Ware, die nicht umgerötet werden soll, wird ohne Zusätze von Nitrat und Nitrit eingesalzen. Das Salz entzieht dem Speck oder Fleisch ein Teil ihres Wassers. Der Nährboden der Bakterien trocknet aus. Die Bakterien können sich nicht vermehren, und die Ware wird lagerfähig.

Die Naturlake

Wollen Sie mehrere Teile pökeln, legen Sie die eingesalzenen Stücke in einem Gefäß möglichst dicht zusammen. Auf den Boden und zwischen die Fleischlagen geben Sie eine zusätzliche Salzschicht. Verschließen Sie das Gefäß, lagern Sie es bei einer Temperatur von unter 10 °C, und schichten Sie die Fleischstücke ein- bis zweimal pro Woche um, damit sie gleichmäßig durchziehen. Der Saft, der durch das Salz dem Fleisch entzogen wird, bildet eine gewünschte Naturlake. Die Fleischteile bleiben in der Lake liegen. Beim Umschichten ist darauf zu achten, dass die Fleischteile entweder mit Naturlake oder mit Salz bedeckt sind, da sonst die Gefahr besteht, dass das Fleisch am Anfang des relativ langsamen Pökelvorganges verdirbt. So müssen z. B. Dauerwaren wie Knochenschinken je nach Gewicht vier bis fünf Wochen, Rollschinken zwei bis drei Wochen und Schinkenspeck bis zu zwei Wochen gepökelt werden.
Wollen Sie nur einen Schinken oder etwas Speck pökeln und den vom Fleisch abgesonderten Saft nicht verwenden, können Sie den Schinken oder Speck auf einen Rost legen und in einem kühlen Raum durchpökeln lassen.

Wie lang muss Fleisch gepökelt werden?

Die genaue Pökelzeit hängt vom Gewicht des Fleisches ab und ist, wie auch die benötigte Pökelmischung und die erforderliche Menge, den Rezepten zu entnehmen. Wird zu lange gepökelt, dringt zu viel Salz in das Fleisch. Es muss dann, um wieder genussfähig zu werden, über einen längeren Zeitraum als im Normalfall gewässert werden. Der

Als Neueinsteiger sollten Sie ein Pökelheft anlegen, in das Sie Pökelverfahren, Pökelsalz- und Gewürzmischung, Lakeschärfe, Pökelzeit, Pökeltemperatur sowie Fleischart, Gewicht und Stärke eintragen.

große Nachteil dabei ist, dass das Fleisch dadurch nicht nur Salz verliert, sondern auch wertvolle Mineral- und Aromastoffe.

Nach dem Pökeln wird das Fleisch etwa zwölf Stunden in kaltem Wasser gewässert. Dadurch wird die Salzkruste an der Außenseite entfernt. Danach wird die Räucherware mit lauwarmem Wasser abgewaschen und je nach Stärke bis zu zwei Tagen zum Trocknen an einem kühlen, luftigen Ort (keine Zugluft) aufgehängt.

Wie lang muss Fisch gepökelt werden?

Fische werden gewöhnlich nicht trocken gesalzen, da es schwierig ist, bei der kurzen Zeit, die die Fische im Salz bleiben, eine gleichmäßige Salzverteilung zu erreichen. Meistens geschieht das Trockensalzen nur aus Zeitersparnisgründen. Beim Nasssalzen müssen die Fische etwa zwölf Stunden in der Lake liegen, beim Trockensalzen dagegen nur etwa ein bis eineinhalb Stunden.

Die zu salzenden Fische werden ausgenommen, gewaschen und von allen Seiten, auch innen, gleichmäßig mit Salz oder einer Gewürzsalzmischung bestreut. Danach werden sie in einem Gefäß auf einen Rost gelegt, damit die Naturlake ablaufen kann. Bei mehreren Schichten wird über jede Lage eine dünne Schicht Salz gestreut. Nach Beendigung des Salzens werden die Fische nur abgewaschen und zum Trocknen aufgehängt. Sobald sich eine trockene, glänzende, harte Hautoberfläche gebildet hat, können sie geräuchert werden. Fischfilets und Fischscheiben (Steaks) können auch auf Drahtgestellen mit der Hautseite nach unten getrocknet werden.

Nasspökeln

Beim Nasspökeln werden Fleisch oder Fisch in eine Pökellake gelegt. Die Rohware bleibt so lange in der Lake, bis sie durchgepökelt ist. Beim Fleisch werden vorwiegend Stücke, die zum Kochen bestimmt sind, nass gepökelt. Sie bleiben so saftiger als beim Trockenpökeln. Es können jedoch auch Schinken, Speck und ähnliche Dauerwaren nassgepökelt werden. Allerdings finden sie Kenner nicht so abgerundet im Geschmack und so mürbe wie trocken gepökelte Ware.

Beim Nasspökeln wird eine Lake aus Wasser und Salpeter oder aus Nitritpökelsalz hergestellt. Die Wirksamkeit der Nasspökelung hängt von der Schärfe der Lake und dem Fleisch-Lake-Verhältnis ab. Ein bewährtes Verhältnis von Fleisch zu Lake ist 1 : 3. Bei Fisch reicht ein Verhältnis von 1,: 1,5 aus.

Die Lakenschärfe

Obwohl es keine festen Regeln dafür gibt, welches Fleisch mit welcher Lakenschärfe gepökelt werden soll, haben sich gewisse Gewohnheiten herausgebildet. Man geht in der Regel davon aus, dass Dauerschinken in einer Lake von 18 bis 20 Prozent Schärfe gepökelt wird, Nussschinken, Lachsschinken Schweinebauch, Schinkenspeck und ähnliche Produkte in 12- bis 15-prozentiger Lake, Pökelwaren, die zum Kochen bestimmt sind, in 10-prozentiger Lake und schließlich Fische in 7-prozentiger Lake.

Die Schärfe der Lake (der Salzgehalt) kann mit einem Lakemesser bestimmt werden. Der Lakemesser (Lakespindel, Senkwaage) besteht aus einer nach unten verdickten Glasröhre, auf die eine Skala aufgetragen ist. Am unteren Ende befindet sich eine Bleieinlage, die den Lakemesser so einstellt, dass er im reinen Wasser bis zur obersten (0-)Marke einsinkt. Wird Salz in das Wasser gegeben, erhöht sich die Wasserdichte. Der Lakemesser sinkt nicht mehr so weit ein. An der Skala kann nun in Wasserhöhe die Schärfe der Lake in Prozent abgelesen werden. Zum Messen darf die Lake nicht erhitzt oder warm sein, sie muss kühl sein.

Soll die Lake mehrfach genutzt werden, muss sie sorgfältig behandelt werden. Sie darf auch im Sommer nicht über 10 °C warm werden. Das Pökelgefäß muss von Zeit zu Zeit gründlich gereinigt werden.

Die zu pökelnden Fleischteile werden in ein Gefäß aus säurebeständigem Edelstahl, lebensmittelechtem Kunststoff oder in einen Steinguttopf gegeben und mit der Pökellake übergossen. Zu beachten ist, dass keine blutigen Fleischstücke eingelegt werden, da die Lake sonst verunreinigt wird und nicht ihre volle Wirkung entfalten kann. Die Temperatur der Lake sollte zwischen 6 bis 10 °C liegen. Wichtig ist, dass alle Fleisch- oder Fischteile mit der Lake gut bedeckt sind. Das Gefäß wird dann mit einem Deckel oder Tuch verschlossen und in einem dunklen, gut durchlüfteten Raum bei Temperaturen zwichen 4 und 10 °C gelagert.

Pökelzeit

Die Pökelzeit ist grundsätzlich abhängig von der Stärke des Pökelgutes, von der Schärfe der Lake und vom Fleisch-Lake-Verhältnis. Bei wenig Fleisch oder starker Lake verkürzt sich die Pökelzeit, umgekehrt verlängert sie sich. Bei den oben angeführten Durchschnittswerten kann man als Daumenregel ungefähr eine Woche pro Kilogramm Fleisch rechnen. Beim Fisch dagegen reichen je nach Gewicht sechs bis zwölf Stunden aus.

Nachdem das Fleisch aus der Lake genommen worden ist, wird es mit lauwarmem Wasser abgewaschen und anschließend wie beim Trockenpökeln in einem kühlen, luftigen Raum zum Trocknen aufgehängt. Fisch wird wie beim Trockenpökeln behandelt.

Vor dem Ansetzen der Pökellake ist es wichtig, das zu pökelnde Fleisch oder den Fisch genau zu wiegen und sich das Gewicht zu notieren. Vom Gewicht sind nämlich die Schärfe der Lake und die Pökelzeit abhängig.

Herstellen von Pökellaken für unterschiedliche Schärfen

Um die Lake anzusetzen, sollten Sie das Wasser mit dem Pökelsalz aufkochen. Das Salz lässt sich so besser vermischen, und gleichzeitig werden die Bakterien im Wasser abgetötet.

Wollen Sie öfter räuchern und müssen Sie deshalb häufiger pökeln, brauchen Sie die Pökellake nicht jedes Mal neu anzusetzen. Sie können die Pökellake aufheben, müssen sie jedoch vor erneuter Verwendung auf ihren Salzgehalt und auf ihren Zustand hin überprüfen. Riecht sie nach faulen Eiern, zieht sie Fäden oder ist sie voller Schaum, sollten Sie sie wegschütten und eine neue Lake ansetzen.

Erforderliche Salzmenge in Gramm pro Wassereinheit

Stärke	1 l	2 l	3 l	4 l	5 l	6 l	7 l	8 l	9 l	10 l
7 %	75	150	225	300	375	450	525	600	675	750
10 %	110	220	330	440	550	660	770	880	990	1100
12 %	135	270	405	540	675	810	945	1080	1215	1350
14 %	165	330	495	660	825	1000	1165	1330	1495	1660
15 %	175	350	525	700	875	1050	1225	1400	1575	1750
16 %	190	380	570	760	950	1140	1330	1520	1710	1900
18 %	220	440	660	880	1200	1420	1640	1860	2080	2200
20 %	250	500	750	1000	1250	1500	1750	2000	2250	2500

Die Laken, in denen Fische gesalzen wurden, dürfen nur einmal verwendet werden. Der von der Haut abgelöste Schleim sowie mögliche Blutreste machen die Lake unbrauchbar. Die Pökelgefäße müssen nach Gebrauch gründlich gereinigt werden. Das Aroma des Pökelgutes kann durch Zugabe von Gewürzen zur Lake verfeinert werden. Dosieren Sie aber vorsichtig.

Kombiniertes Trocken-Nass-Pökeln

Bei dieser Methode werden die zu pökelnden Teile wie beim Trockenpökeln eingesalzen und in das Pökelgefäß geschichtet. Dort lässt man sie eine Woche lang ziehen. Danach werden sie mit einer schwachen Lake übergossen. Die Pökeldauer beträgt eine Woche pro Kilogramm Fleischware. Die Lagertemperatur sollte zwischen 4 und 10 °C liegen.

Schnell- oder Spritzpökeln

Dieses Verfahren wird vorwiegend angewendet, wenn der Pökelprozess merklich verkürzt werden soll. Das ist für die gewerbliche Produktion wichtiger als für den Kleinvermarkter oder Hobbyräucherer. In der Regel dürften Sie ausreichend Zeit haben, denn der Grund für das Selbsträuchern ist ja gerade, dass Sie etwas Besonderes, etwas ganz Spezielles erzeugen wollen. Und: Gut Ding will Weile haben!
Beim Schnellpökeln wird die Pökellake auf Spritzen aufgezogen und in Abständen von etwa drei Zentimetern in die Tiefe des Fleisches gespritzt. Zum Spritzen wird eine spezielle Pökelnadel verwendet. Sie muss vor dem Spritzen gründlich gesäubert werden, damit keine Bakterien in das Fleisch gelangen. Vor dem Einführen der Spritze muss die Luft aus der Spritze gedrückt werden. Befinden sich im Fleisch Knochen, wird die Nadel bis zum Knochen geführt. Beim Herausziehen der Nadel wird die Lake in das Fleisch gespritzt. Das Fleisch kann anschließend noch ein bis drei Tage in eine leichte Lake gelegt werden. Da die Pökellake direkt in das Innere des Fleisches gelangt, wirkt sie erheblich schneller.

Bei Spritzpökelung sollte in einem Abstand von etwa drei Zentimeter quer zur Muskelfaserrichtung mit einer Lakeschärfe von acht bis zwölf Prozent gespritzt werden. Die verwendete Lakemenge sollte nicht mehr als 20 Prozent des Frischfleischgewichtes betragen.

Wie geht es weiter?

Nach dem Pökeln, gleich mit welcher Methode, sind Fleisch und Fisch noch nicht hinreichend konserviert und mit Geschmacksstoffen versehen.

Durchbrennen

Unter Durchbrennen versteht man einen Arbeitsschritt, der sich an das Pökeln anschließt. Die Pökelware muss für einige Tage an einem kühlen, trockenen Ort ruhen, damit sich unterschiedliche Salzkonzentrationen im Pökelgut ausgleichen und »durchbrennen« können. Das Durchbrennen verstärkt das Aroma, stabilisiert die Pökelfarbe und lässt das Fleisch mürbe und zart werden. Da das Pökelgut während dieser Zeit noch anfällig gegen schädliche Mikroorganismen ist, soll die Temperatur im »Brennraum« (das ist der Raum, in dem die gepökelte Ware ruht) zwischen 6 bis 8 °C betragen und die Luftfeuchtigkeit zwischen 60 und 80 Prozent liegen. Um Schäden durch Licht zu vermeiden, sollte der »Brennraum« dunkel sein.

Nur aus qualitativ hochwertigem Frischfleisch, das sorgfältig gepökelt, gründlich durchgebrannt und gut abgetrocknet ist, lässt sich eine hochwertige Räucherware herstellen.

Waschen und Trocknen

Nach dem Durchbrennen wird trocken gepökeltes Fleisch über Nacht in kaltem Wasser gewässert und anschließend lauwarm abgewaschen und getrocknet. Nass gepökelte Waren werden vor dem Trocknen nur abgewaschen, jedoch nicht gewässert. Fische werden nur leicht abgespült und dann getrocknet.

Räuchern

Zum Räuchern hängt man die Fleischware in den Rauch eines nur schwelenden Holzfeuers. Während des Räucherns wird dem Fleisch/Fisch Wasser entzogen. Je länger der Räuchervorgang anhält, desto trockner wird die Ware. Durch das Fehlen des Wassers wird den Keimen und Bakterien die Grundlage zum Leben entzogen. Gleichzeitig

lagern sich die im Rauch enthaltenen chemischen Stoffe auf der Oberfläche des Räuchergutes ab und überziehen das Fleisch mit einer festen, keimabweisenden, bakterientötenden Schicht. Je länger der Rauch auf das Fleisch einwirken kann, desto tiefer dringen die Bestandteile des Rauches in das Fleisch, und desto haltbarer und würziger wird es.
Räucherrauch enthält im Wesentlichen zwei unterschiedliche Stoffgruppen. Es sind gasförmige Stoffe wie Phenole, organische Säuren und Karbonyle sowie feste Stoffe wie Teer, Ruß, Harze und Asche. Für das Räuchern sind besonders die Phenole wichtig. Sie wirken bakterientötend und sind für das typische Räucheraroma mitverantwortlich.

Um einen optimalen Räucherrauch zu erzeugen, müssen die Sauerstoffzufuhr und der Rauchabzug gut regulierbar sein. Sind beide zu schwach, bilden sich Kohlenmonoxide, und das Räuchergut kann ungenießbar werden.

Räuchermittel

Als Räuchermittel dürfen nur gut getrocknete, abgelagerte Harthölzer von Weißbuchen, Erlen, Eichen, Zedern und Birken verwendet werden. Am gebräuchlichsten ist bei uns das Buchenholz. Es kann in Form von Scheiten, Spänen oder Sägemehl verglimmt werden. Scheite und Späne werden eher zum Heißräuchern, Sägemehl wird sowohl zum Heißräuchern als auch zum Kalträuchern genommen. Der

Grundvoraussetzung für das Räuchern ist ein nur leicht schwelendes Holzfeuer. Das dafür verwendete Holz muss vor allem trocken sein.

Verwenden Sie zum Räuchern niemals behandeltes Material. Das Verglimmen von Farben oder anderen chemischen Stoffen ist gesundheitsgefährdend. Auch das gründliche Abkratzen der Farbe reicht nicht aus, da chemische Substanzen unsichtbar bis in die Tiefe des Holzes eingedrungen sein können.

Rauch von weichen Nadelhölzern ist wegen seines hohen Rußanteils und der darin enthaltenen Krebs erregenden Stoffe gesundheitsschädlich. Außerdem neigt Fleisch, das mit solchen Hölzern geräuchert wurde, dazu, nach Terpentin zu schmecken. Für besondere Spezialitäten, wie beispielsweise Schwarzgeräuchertes, können dem Räuchermehl geringe Beimischungen von Tannen-, Fichten- oder Kiefernwurzelholz zugegeben werden. Katenschinken wurden früher auch mit Heidekraut oder Wacholderzweigen gewürzt.
Auf keinen Fall dürfen Hölzer, die mit Farben, chemischen Materialien oder in irgendeiner anderen Form behandelt wurden, als Rauchmittel verwendet werden. Die Substanzen geben beim Verglimmen gesundheitsgefährdende Stoffe ab, die sich mit Hilfe des Rauches auf der Räucherware absetzen würden.
Die Farbe des Räuchergutes ist neben der Beschaffenheit des Fleisches und der Rauchintensität auch abhängig von der Art des benutzten Räuchermittels. Um den Geschmack der Räucherwaren zu verfeinern, können Gewürze wie Apfelschalen, Zwiebeln, Knoblauch, Wacholderbeeren, Kümmel, Pimentkörner etc. unter das Rauchmaterial gemischt werden.

Wie erzeugt man den Räucherrauch?
Die Rauchmittel (Sägemehl oder Sägespäne) dürfen nicht verbrennen, sondern müssen verglimmen. Das Verglimmen wird dadurch erreicht, dass die Rauchmittel mit Hilfe von elektrischen Heizspiralen, Gasbrennern oder Spiritusflammen zum Schwelen gebracht werden. Die Schwelglut darf sich nur langsam durch die Rauchmittel fressen. Ein Aufflammen muss vermieden werden. Flammen würden die Bestandteile des Rauches, die für das Räuchern von besonderer

Hölzer und ihre Farbe

Erle und Eiche	Hellbraun
Buche, Linde und Ahorn	Goldgelb
Nadelhölzer	Rußig, Schwarz
Mahagoni	Dunkelrotbraun

Bedeutung sind, verbrennen. Nur durch langsames, gleichmäßiges Verglimmen entwickelt sich der gewünschte Rauch, der dem Räuchergut seine bestimmte Würze verleiht. Besteht die Gefahr, dass das Räuchermittel verbrennt, kann es entweder zusammengepresst oder mit Wasser angefeuchtet werden. Das Verglimmen muss durch verstellbare Luftzugklappen am Räuchergerät gesteuert werden können. Der richtige Zug ist wichtig, damit sich der Rauch entwickeln kann und gleichmäßig über das Räuchergut streicht. Durch Schließen der Luftklappen kann ebenfalls ein Verbrennen der Rauchmittel vermieden werden. Wo die Luftzugsklappen angebracht sind und wie sie funktionieren, wird im folgenden Kapitel erklärt.

Für die Aromatisierung und Konservierung der Fleischwaren sind im Wesentlichen die Phenole, Karbonyle und Säuren im Rauch verantwortlich. Diese Stoffe nehmen bei Glimmtemperaturen von über 600 °C drastisch ab.

Wie gefährlich ist der Rauch?

Der Verglimmungsbereich muss so angelegt sein, dass aus dem Räuchergut sickerndes Fett nicht auf das Räuchermittel oder den Heizmechanismus tropfen kann. Durch das Verbrennen von Fett werden gesundheitsgefährdende Substanzen freigesetzt, die sich mit Hilfe des Rauches auf dem Räuchergut ablagern. Die optimale Glimmtemperatur sollte zwischen 250 und 500 °C liegen. Höhere Temperaturen ermöglichen in verstärktem Maße die Entwicklung von Krebs erregenden Stoffen im Rauch.

Die Belastung des Räuchergutes mit gesundheitsschädlichen Stoffen kann weiterhin dadurch reduziert werden, dass man Glimmzone und Räucherkammer räumlich voneinander trennt. Je länger der Weg des Rauches von der Glimmzone zur Räucherkammer ist, desto stärker setzen sich die Schadstoffe zusammen mit dem Ruß, Teer und den Ascheteilen am Rand der Rauchleitung ab. Der Rauch, der das Räuchergut erreicht, ist damit weitgehend schadstofffrei.

Außer Glimmrauch werden noch Friktionsrauch, Dampfrauch oder Fluidationsrauch zum Räuchern verwendet. Da diese Verfahren jedoch kaum für den Klein- und Hobbyräuchereibetrieb infrage kommen, werden sie hier nicht weiter besprochen. Es gibt jedoch ein schadstoffarmes Rauchentwicklungsverfahren, das für bestimmte Geräte entwickelt wurde. Mehr davon im Kapitel »Räucheranlagen, Räucheröfen und Zubehör« (siehe Seite 36ff.).

Räucherverfahren

Beim Räuchern wird nach Kaltrauchräuchern, Warmrauchräuchern und Heißrauchräuchern unterschieden.

Kalträuchern

Wollen Sie Räucherwaren über einen längeren Zeitraum aufbewahren, müssen sie kaltgeräuchert werden. Heiß- und Warmgeräuchertes sind für den zügigen Verzehr bestimmt.

Das Kaltrauchverfahren wird angewendet, wenn das Räuchergut über lange Zeit haltbar gemacht werden soll und/oder wenn man den speziellen, würzigen Rauchgeschmack besonders fördern will, wie z. B. bei Schinken, Speck, Dauerwürsten etc. Die Ware wird beim Kalträuchern nicht gegart. Sie bleibt roh. Die Räucherdauer hängt davon ab, wie häufig am Tag Rauch erzeugt wird (einmal oder mehrere Male), wie groß das Fleisch ist (dünne Stücke benötigen weniger Zeit, dicke dauern entsprechend länger), welcher Trockenheitsgrad und – damit verbunden – welche Lagerfähigkeit gewünscht werden und wie intensiv das Räucheraroma ausgeprägt sein soll. Daraus folgt, dass der Räucherprozess einige Tage oder auch mehrere Monate dauern kann. Die in den Rezepten angegebenen Zeiten sind lediglich Durchschnittszeiten. Sie können sie entsprechend Ihren Vorlieben und Erfahrungen variieren.
Für Kalträuchern wird eine Temperatur von 15 bis 20 °C benötigt. Sie wird durch Verglimmen von fest gepresstem oder benetztem trockenen Sägemehl erreicht.

Warmräuchern

Zum Warmräuchern wird eine Temperatur von 20 bis 50 °C benötigt. In diesem Bereich, insbesondere ab 30 °C, fördern die eiweißspaltenden Enzyme das Aroma und die so begehrte Zartheit des Räuchergutes. Beim Warmräuchern wird die Ware sowohl gegart als auch geräuchert. Warmgeräuchertes hat keine so lange Lagerzeit wie Kaltgeräuchertes. Daher ist es für den alsbaldigen Verzehr bestimmt. Nicht nur wegen seiner bereits erwähnten Zartheit, sondern auch weil es besonders saftig ist, wird es von Kennern sehr geschätzt.

Die Temperatur und der Rauch werden durch Verglimmen von Hartholz, das mit trockenem Sägemehl abgedeckt ist, erreicht.
Diese Methode kann auch zum Nachräuchern bei Schinken und anderen dicken Fleischstücken angewendet werden. Mit dem Warmrauch soll ein schnelleres Durchräuchern der Ware erzielt werden.

Denken Sie daran, dass Räucheröfen, auch wenn sie an einen Schornstein angeschlossen sind, beim Öffnen der Türen ausgeprägten Räuchergeruch abgeben.

Heißräuchern

Heißräuchern wird bei Waren angewendet, die zügig verzehrt werden sollen, z. B. Koch- und Bratwürste oder Fisch sowie bei allen warmen Speisen, die einen besonderen Rauchgeschmack erhalten sollen. Durch Verbrennen von zumeist Buchenholz wird der Räucherofen auf eine Temperatur von über 50 °C aufgeheizt. Diese Temperatur sorgt dafür, dass die im Rauch enthaltenen chemischen Stoffe die Oberfläche des Räuchergutes schnell verfestigen und die Ware so gegen das Eindringen schädlicher Organismen geschützt wird. Heißräuchern ist immer mit einem Garen des Räuchergutes verbunden. Um die Belastung des Räuchergutes mit gesundheitsgefährdenden Substanzen so gering wie möglich zu halten, muss vor allem beim Heißräuchern

Geräucherte Wurstwaren wie Wiener Würstchen, Knackwürste oder Regensburger sind besonders wegen ihres zart rauchigen Aromas beliebt.

Verwenden Sie beim Räuchern eine Fettauffangpfanne. Sie verhindert, dass Fett in die Rauchquelle tropft. Das verbrennende Fett erzeugt verstärkt Krebs erregende Stoffe, die sich über den Rauch auf das Räuchergut ablagern.

darauf geachtet werden, dass kein Fett auf die Rauchmittel oder die Heizvorrichtung tropfen kann. Dies kann mit Hilfe einer Fettauffangwanne verhindert werden. Bei der Verwendung einer solchen Wanne muss sichergestellt werden, dass der Rauch das Räuchergut gleichmäßig umströmen kann. Außerdem sollte der eigentliche Räuchervorgang so kurz wie möglich gehalten werden. Bei den im Handel erhältlichen Räucherschränken kann das Räuchergut zunächst einige Zeit gegart werden, bevor der Rauch dazugegeben wird.

Generelle Schutzmaßnahmen

Auch als Hobbyräucherer dürfen Sie natürlich nicht die geltenden Brandschutz-, Unfallschutz-, Umweltschutzbestimmungen verletzen. Besonders wenn Sie mit selbst gebauten Räucheranlagen räuchern wollen, sollten Sie sich bei der örtlichen Feuerwehr und bei der Gemeinde erkundigen, welche Auflagen Sie beim Bau und beim Betrieb zu beachten haben. Das Gleiche gilt, wenn Sie einen Räucherofen in einem geschlossenen Raum betreiben wollen. Vorbeugen ist besser und billiger als Schadensbehebung.
Wenn Sie die Räucheranlage im Freien betreiben, denken Sie an Ihre Nachbarn. Auch wenn ein Räucherofen im Allgemeinen nicht mehr Rauch und Gerüche entwickelt als ein Gartengrill, so liebt es niemand, wenn er sich während der Mittagsruhe oder am Feierabend dadurch gestört fühlt. Räuchern Sie nur an Wochentagen.

Allgemeine Bestimmungen für das Räuchern

- Die Räucherkammern müssen feuersicher sein.
- Räucheranlagen dürfen die Umwelt nicht belasten.
- Als Rauchmittel dürfen nur naturbelassene Hölzer verwendet werden.
- Behandelte Hölzer und Torf dürfen nicht zur Raucherzeugung verwendet werden.
- Flüssige Räuchermittel dürfen nicht eingesetzt werden.
- Fleisch und Fleischerzeugnisse dürfen nur von außen geräuchert werden.
- Geräucherte Ware darf höchstens 1 ppb/kg (1 Mikrogramm/kg) des Krebs erregenden Benzpyrens enthalten.

Räucherfehler

Es wird sich nicht vermeiden lassen, dass Ihnen zu Anfang hin und wieder einige Fehler unterlaufen und das Räuchergut nicht so gelingt, wie Sie es sich vorgestellt haben. Lassen Sie sich dadurch nicht entmutigen. Damit Sie wissen, was Sie falsch gemacht haben, sind hier die wichtigsten Räucherfehler und ihre Ursachen aufgezeigt, dazu ein Tipp, wie man sie in Zukunft vermeidet.

Das Fleisch schmeckt nach Karbol oder Medizin
Die Rauchmittel waren zu feucht, schimmelig, faulig, oder sie waren mit Lacken, Kunststoffen oder Leim etc. behandelt.

Das Raucharoma schmeckt säuerlich
Die Feuerstelle (Verglimmungsbereich) hatte zu wenig Luft, und auch im Räucherofen herrschte zu geringer Zug.

Schmieriger Belag auf der Ware
Im Räucherofen herrschte überhaupt kein Luftzug. Es kam zu einem Feuchtigkeitsstau, der den Belag verursachte. Ein gutes Beispiel ist dafür der Scheibenbeschlag bei kaltem Wetter im Auto.

Das Räuchergut sieht fleckig aus
Die Rauchführung im Räucherofen war nicht gleichmäßig. Die einzelnen Stücke hingen unterschiedlich eng zusammen oder berührten sich, so dass der Rauch das Räuchergut an solchen Stellen nicht gleichmäßig umfließen konnte.

Das Räuchergut ist zu trocken
Die geräucherte Ware hat einen Trockenrand oder ist einseitig getrocknet. Im Räucherofen herrschte zu starker oder nur einseitiger Zug. Die notwendige Luftfeuchtigkeit war zu gering.

Aus kaltgeräucherter Ware ist Fett ausgeschmolzen
Die Rauchtemperatur wurde nicht beachtet und war zu hoch.

Um Räucherfehler nicht zu wiederholen, empfiehlt es sich, ein Räucherprotokoll anzulegen, in dem alle Daten über Räuchergut, Räuchermethode, Räuchermittel, Gewürze, Räuchertemperaturen und Räucherzeiten eingetragen werden. Treten Fehler auf, können sie anhand der Eintragungen korrigiert werden.

Diese original ausgestattete Räuchertenne können Sie im Freilichtmuseum in Mühlendorf besichtigen.

Räucheranlagen, Räucheröfen und Zubehör

Räuchern ist billig, vor allem wenn Sie für den eigenen Verzehr räuchern. In diesem Fall brauchen Sie auf keine der vielen gesetzlichen Verordnungen Rücksicht zu nehmen. Voraussetzung ist, dass Sie mit Ihrer Anlage weder gegen Brandschutzbestimmungen verstoßen noch die Nachbarn belästigen oder der Natur Schaden zufügen.

Scheuen Sie am Anfang die Ausgaben für einen kommerziellen Räucherofen und besitzen Sie ein wenig handwerkliches Geschick, dann können Sie sich für wenig Geld selbst eine Räucheranlage bauen. Auch das fürs Räuchern erforderliche Zubehör können Sie mit wenigen Ausnahmen aus dem, was Keller und Garten bieten, herstellen.

Planen Sie jedoch, Ihr Räuchergut zu vermarkten, dann müssen Sie alle Bestimmungen, die für die Herstellung und den Vertrieb von Lebensmitteln gültig sind, beachten. In diesem Fall empfiehlt es sich, einen nach den gültigen Spezifikationen gefertigten Räucherofen im Handel zu kaufen. Dabei dürfen Sie nie vergessen, dass Sie als Erzeuger für Ihre Produkte verantwortlich sind. Doch auch mit einem gekauften Räucherofen lohnt es sich, für sich selbst zu räuchern.

Um für den eigenen Bedarf zu räuchern, brauchen Sie keine aufwendigen Geräte zu kaufen. Mit etwas handwerklichem Geschick können Sie alles, was Sie zum Räuchern benötigen, aus dem, was Sie in Garten und Keller finden, selbst bauen.

Selbst gebaute Räucheranlagen und Räucheröfen

Räucheranlagen/Räucheröfen können Sie aus vielerlei Material in allen praktisch sinnvollen Formen und Größen bauen. Nur Ihr Einfallsreichtum und Ihr handwerkliches Geschick setzen den Möglichkeiten Grenzen. Beim Selbstbau von Räucheranlagen/-öfen sollten Sie bei der Planung folgende Anforderungen berücksichtigen:

- Alle Teile müssen sich leicht reinigen lassen.
- Die Räucheranlage muss einfach zu be- und zu entladen sein.
- Die Räucheranlage muss gegen Fliegen und andere Insekten geschützt sein.
- Ratten und Mäuse dürfen nicht in die Anlage gelangen können.
- Die Anlage muss so gesichert sein, dass sich Kinder nicht darin verstecken können.

Räucheranlagen zum Kalträuchern

Zum Kalträuchern benötigen Sie eine Feuerstelle, eine Rauchkammer und einen Rauchtunnel.

Verwenden Sie zum Bau von Räucheranlagen nur Materialien, die von allen Fremdstoffen wie Farbe, Öl etc. gründlich gesäubert sind. Chemische Substanzen können auch beim Kalträuchern gesundheitsgefährdende Stoffe absondern.

Feuerstelle

Als Feuerstelle graben Sie ein etwa 50 bis 60 Zentimeter tiefes und ebenso breites Loch. Zum Auskleiden der Wände und des Bodens eignen sich ein entsprechend großes Metallgefäß oder besser feuerfeste Steine. Zur Not reicht auch das naturbelassene Loch. Als Abdeckplatte und gleichzeitig Lüftungsklappe kann ein Metalldeckel (Deckel eines großen Kochtopfes, eines Waschkessels, ein ausgeschnittener Deckel eines Metallfasses etc.) genommen werden. Wird ein Deckel aus einem Fass geschnitten, muss darauf geachtet werden, dass er keine Fremdmaterialien wie Farbe, Öl, Lack, Imprägnierungsmittel o. Ä. enthält. Diese Substanzen könnten sich durch die Wärme lösen, in das Feuer fallen und gesundheitsgefährdende Stoffe in den Rauch abgeben.

Räucherkammer

Die Räucherkammer kann aus vielerlei Material gebaut werden. Sie muss so groß sein, dass sich die Räucherware nicht gegenseitig berührt und der Rauch sie von allen Seiten gleichmäßig umstreichen kann. Als Baumaterial eignen sich alte Ölfässer, Metallschränke, Holzkästen oder Holzhütten. Eine Holzkonstruktion sollte aus wetterfestem Sperrholz bestehen, damit die auch beim Kalträuchern entstehende Wärme das Holz nicht austrocknet. Es könnten Risse in den

Um auch bei Fässern den Rauchabzug zu kontrollieren, können zum Einhängen von Räucherstangen Kerben in den oberen Rand der Fässer geschnitten werden. Die Fässer können dann problemlos mit einem Deckel und einem regulierbaren Rauchabzug verschlossen werden.

Wänden entstehen, die den Rauch seitlich entweichen lassen. Auch die Innenseiten der Räucherkammer dürfen keine Farben oder andere Fremdmaterialien, wie bereits genannt, enthalten, damit das Räuchergut nicht durch schädliche Substanzen verdorben und damit ungenießbar wird. Die Räucherkammern müssen großflächige Türen besitzen, damit sie leicht und übersichtlich beschickt werden können und die Räucherware gut zu überprüfen ist, ohne sie herausnehmen zu müssen. Bei Ölfässern empfiehlt es sich, den ganzen Deckel abnehmbar zu machen, um die Räucherware in das Fass von oben einschichten und entladen zu können.

An den Innenwänden sind Latten als Halterungen für die Räucherstangen, an denen das Räuchergut aufgehängt wird, anzubringen. Verwenden Sie Fässer, sollten Sie Holzblöcke als Auflagen anschrauben. Sie können sich diese Arbeit auch sparen, wenn Sie die Räucherstangen auf den Rand der Fässer legen. Sie haben dann allerdings das Problem, den Deckel beim Räuchern so abzudichten, dass der Rauch nicht unkontrolliert entweichen kann. Daher ist die Methode mit den Holzblöcken unbedingt zu empfehlen.

In die Mitte des Bodens der Kammer oder des Fasses wird ein Loch geschnitten, durch das der Rauch von der Feuerstelle in die Räucherkammer gelangen kann. In den Deckel der Räucherkammer wird ebenfalls ein Loch gesägt. Auf dieses Loch wird entweder ein Abzugsrohr mit regulierbarem Rauchabzug montiert oder eine bewegliche Blechplatte befestigt.

Um sowohl im Sommer als auch im Winter die Räuchertemperatur zwischen 15 und 20 °C halten zu können, empfiehlt es sich, die Räucherkammer zu isolieren. Das können Sie entweder mit Erde oder Grassoden bewerkstelligen, oder Sie kaufen sich dazu geeignetes Isoliermaterial aus dem Baumarkt. Damit sich der Rauch optimal verteilen kann, sollten Sie in etwa 40 Zentimeter Höhe über dem Boden der Räucherkammer eine Einschubplatte einbauen. In die Platte bohren Sie in engem Abstand gleichmäßig verteilt Löcher von etwa fünf Millimeter Durchmesser. Der Rauch wird dann automatisch in die untere Kammer geleitet und von dort aus durch die Löcher in der oberen Räucherkammer verteilt.

Die Räucherdauer von Schinken ist, je nach Art und Größe des Fleisches sowie dessen Verarbeitung vor dem eigentlichen Räuchern, ganz unterschiedlich.

Rauchtunnel

Der Rauchtunnel, der zum Kalträuchern unbedingt notwendig ist, verbindet die Feuerstelle mit der Räucherkammer. Der Tunnel sollte etwa einen halben bis drei Meter lang sein. Je länger er ist, desto stärker kühlt der Rauch ab, und desto mehr gesundheitsschädliche Stoffe, einschließlich Ruß, Teer etc., lagern sich an seinen Wänden ab und gelangen auf diese Weise nicht an das Räuchergut. Als Rauchtunnel eignen sich alle Ton- oder Zementröhren (Drainagerohre, Wasserleitungen, Kaminrohre etc.). Der Durchmesser der Röhren sollte etwa 15 Zentimeter betragen.

Der Rauchtunnel wird in die Erde eingelassen, muss in Richtung Räucherkammer leicht ansteigen und mit Erde abgedeckt werden. An der Feuerstelle wird etwa 20 bis 30 Zentimeter unterhalb der Öffnung ein entsprechend großes Loch eingebaut, an das die eine Seite des Rauchtunnels angeschlossen wird. Die andere Seite wird in das Loch in der Unterseite der Räucherkammer geführt. Das aus dem Boden ragende Rohr kann mit Erde, Grasboden oder anderem Material (wie bereits genannt) isoliert werden.

Kalträucheranlagen und Heißräucheröfen unterscheiden sich vor allem durch die Art der Befeuerung. Da bei Heißräucheröfen mit hohen Temperaturen geräuchert wird, befinden sich Feuerstelle und Räucherkammer im gleichen Gerät.

Eine andere Lösung

Eine andere, pfiffige und sehr wirksame Lösung entdeckte ich bei den Hillbillys von Tennessee. Hier hatte ein Farmer einen ausrangierten Kühlschrank als Räucherkammer genommen. Die Feuerstelle und der Räuchertunnel waren wie beschrieben gebaut. Der Rauch vom Räuchertunnel wurde durch ein Loch im Boden des Kühlschranks geführt und zum Abziehen über ein Rohr, das in die Decke des Schrankes montiert war, abgeleitet.

Räucheröfen zum Heißräuchern

Auch ein ausgedienter Elektroherd kann zu einem Heißräucherofen umgebaut werden. Besonders vorteilhaft ist dabei, dass der Ofen gut isoliert ist, problemlos hohe Temperaturen aushält und die eingebauten Heizelemente zusätzlich Wärme erzeugen können.

Im Prinzip ähneln sie den Kalträucheranlagen. Was fehlt, sind die abgesetzte Feuerstelle und der Rauchtunnel. Da beim Heißräuchern mindestens eine Temperatur von 50 °C erreicht werden muss, sind Feuerstelle und Räucherkammer eng miteinander verbunden. Wie bei den Kalträucheranlagen gibt es eine Vielzahl von Möglichkeiten.

Das Ölfass

Wenn man einen Garten hat, ist die einfachste und billigste Möglichkeit, ein altes 200-Liter-Ölfass entsprechend umzubauen. Das Ölfass wird sorgfältig von allen Farbresten und Fremdstoffen gereinigt. In den Boden werden dicht nebeneinander gleichmäßig über die ganze Fläche verteilt Löcher geschlagen oder gebohrt. Auf der anderen Seite wird der Deckel abgetrennt. In den abgetrennten Deckel wird in die Mitte ein 10 bis 15 Zentimeter großes Loch geschnitten. Es dient als Rauchabzug. Er wird von einer Metall- oder Holzplatte, die etwas größer als das Abzugsloch ist, abgedeckt. Mit der Platte werden der Rauchabzug und die Temperatur reguliert. Im oberen Drittel des Fasses wird in die Seitenwand ein Loch gebohrt. In das Loch wird ein Thermometer zur Kontrolle der Innentemperatur geschoben. Die Räucherkammer ist jetzt fertig. Sie wird nun auf eine aus Mauersteinen errichtete Feuerstelle gestellt. Als Feuer- und Rauchmittel werden naturbelassene, getrocknete Buchenholz- oder andere Hartholzscheite verwendet. Das Holz muss mindestens ein Jahr lang getrocknet worden sein.

Der gemauerte Räucherofen

Eine luxuriösere Variante ist ein gemauerter Räucherofen. Um auch größere Aale darin räuchern zu können, sollte er 1,80 bis zwei Meter hoch sein. Auf den Boden kommt die Feuerstelle. Eine Einschubplatte aus Metall trennt in etwa 50 bis 60 Zentimeter Höhe die Feuerstelle von der Räucherkammer. Gleichmäßig über die Platte verteilt werden in engem Abstand etwa fünf Millimeter große Löcher gebohrt. Die Platte dient zum gleichmäßigen Verteilen des Rauches. An den Seiten der Räucherkammer lässt man die Mauersteine alle 30 Zentimeter für ungefähr fünf Zentimeter in die Kammer hineinreichen, als eine Art Sockel. Diese Sockel dienen zur Aufnahme der Räucherstäbe, an denen später das Räuchergut befestigt wird. In die Decke, die sich nach oben hin verjüngen sollte, wird ein Abzugsrohr eingebaut. Das Abzugsrohr sollte eine so genannte Drosselklappe zum Regulieren des Rauchabzuges besitzen. Feuerstelle und Räucherkammer werden mit je einer verriegelbaren Eisentür verschlossen. Wer handwerklich besonders geschickt ist, kann in die Tür zur Feuerstelle einen regulierbaren Schieber für die Luftzufuhr einbauen. Im oberen Drittel der Räucherraumtür wird ein Loch gebohrt, in das ein Thermometer zur

Beabsichtigen Sie, Ihre Räucherwaren selbst zu vermarkten, müssen Sie alle Bestimmungen, die für die Herstellung von Lebensmitteln gültig sind, beachten. In diesem Fall empfiehlt es sich, einen nach den gültigen Spezifikationen gebauten Räucherofen im Handel zu kaufen.

Auch dieser Fischer aus Mecklenburg-Vorpommern räuchert seine Fische in einem speziell dafür umfunktionierten Ölfass.

Kontrolle der Räucherkammertemperatur eingebaut wird. Für den Fall, dass Sie einen Keller mit Kamin besitzen, kann der Ofen im Keller aufgestellt und das Abzugsrohr an den Kamin angeschlossen werden.

Verwenden Sie eine Gasflasche als Heizquelle, sollten Sie zu Ihrer eigenen Sicherheit die Armaturen vor jeder Benutzung auf Dichte überprüfen.

Feuer und Rauch werden wiederum mit getrockneten, naturbelassenen Buchenscheiten oder anderem Hartholz erzeugt. Als Heizquelle kann auch eine Gasflamme, die von einer Gasflasche gespeist wird, verwendet werden. Im letzteren Fall müssten Sie ein Gestell aus Eisenblech mit einer Platte als Auflage für die Rauchmittel bauen. Das Gestell sollte stabil und 15 bis 20 Zentimeter hoch sein und direkt über der Gasflamme stehen.

Handelsübliche Räucheröfen und Räucherkammern

Räucheröfen werden von der Industrie in verschiedenen Größen und Formen für den Hobbyräucherer und Kleinvermarkter angeboten. Die Palette geht von Kleingeräten, in denen zwei bis vier Fische geräuchert werden können, über Tischgeräte bis hin zu Räucheröfen und Räucherschränken mit einem Fassungsvermögen von etlichen Kilogramm. Die Räucheröfen sind im Wesentlichen für das Heißräuchern konzipiert. Einige Firmen bieten die Geräte auch zum Kalträuchern an. Bevor Sie sich für einen solchen Ofen entscheiden, sollten Sie sich genau erläutern lassen, wie die für Kalträuchern erforderliche Temperatur von 15 bis 20 °C erreicht und gehalten werden kann. Die einzelnen Räucheröfen hier zu beschreiben würde bei der Vielfalt des Angebots den Rahmen des Ratgebers sprengen. Die allgemeine Beschreibung der verschiedenen Räucherofenkategorien ist nur dazu gedacht, Ihnen bei der Auswahl des für Ihre Zwecke am besten geeigneten Räucherofens zu helfen. Eine Liste mit einer begrenzten Auswahl von Bezugsquellen finden Sie im Adressenverzeichnis (siehe Seite 92). Sie können sich auch bei der für Ihren Bereich zuständigen Industrie- und Handelskammer oder, was vermutlich einfacher ist, in Angelfachgeschäften nach geeigneten Firmen erkundigen.

Kleingeräte

Kleingeräte sind leichte, handliche Geräte aus Metall. Die Größe variiert zwischen 25 und 40 Zentimeter Länge, 15 und 25 Zentimeter Breite und ca. zwölf Zentimeter Höhe. Die kleinsten Geräte fassen zwei bis vier Forellen à 250 bis 300 Gramm. Größere Fische müssen filetiert oder in Scheiben geschnitten werden. Die Geräte bestehen aus Räucherwanne und Feuerstelle, die auch als Auflage für die Räucherwanne dient. Geheizt wird mit flüssigem oder trockenem Spiritus. Das Räuchermehl kommt in die Räucherwanne. Eine Auffangwanne verhindert, dass Flüssigkeit auf das Räuchermehl tropft.

Kleingeräte mit einer geringen Kapazität sind hauptsächlich für den Hobbybetrieb gedacht, während Tischgeräte für Selbstvermarkter interessant sind.

Tischgeräte

Bei Tischgeräten handelt es sich um kastenförmige oder runde Geräte mit einem Fassungsvermögen von sechs bis 48 Forellen. Geräte von mittlerer Größe, geeignet zum Räuchern von beispielsweise 20 Forellen, sind im Durchschnitt 45 bis 60 Zentimeter lang, 40 bis 47 Zentimeter breit und 35 bis 45 Zentimeter hoch. Sie wiegen ca. 25 bis 30 Kilogramm. Die Preise variieren je nach Hersteller und Ausstattung zwischen 300 und 2.200 DM.

Dieses Kleingerät, das ausschließlich für den Gebrauch im Freien vorgesehen ist, ermöglicht eine besonders schonende Zubereitung Ihres Räucherguts.

Die Geräte sind aus einem Doppelmantelgehäuse aus säurebeständigem Edelstahl oder korrosionsfestem Aluminium gefertigt. Zum Teil sind sie zusätzlich mit einer Isolierschicht ausgekleidet. Die Wärme wird von einer elektrischen Heizung erzeugt. Das Räuchermehl wird in Räucherpfannen auf einen kleinen Tisch über die Heizspiralen gestellt. Zwischen Räucherpfanne und Räuchergut befindet sich eine herausnehmbare Fettauffangpfanne. Öffnungen an den Seiten sorgen dafür, dass der Rauch ungehindert in die Räucherkammer dringen kann. Die Räuchertemperatur wird bei fast allen Geräten über einen Thermostat gesteuert. Zusätzlich sind vor allem die größeren Öfen mit einer Zeitschaltuhr und Heizspiralen für Ober- und Unterhitze ausgestattet. In diesem Fall können sie auch zum Garen und Backen benutzt werden.

Räucherschränke gibt es in verschiedenen Größen. Sie sind für Selbstvermarkter geeignet, die Räucherwaren in größerem Umfang herstellen wollen. Einfache Schränke können ab ca. 500 DM bezogen werden.

Das Räuchergut wird im Allgemeinen auf einem Flachrost, Fische werden auf einem speziellen Fischrost geräuchert. Der Spezialrost hält die Fische mit dem Rücken nach unten in Position, damit sie nicht auf die Seite fallen können.

Runde Räucheröfen

Diese Räucheröfen sind von Skandinavien zu uns gekommen. Sie sind speziell zum Räuchern von Fisch gedacht. Die Öfen bestehen aus Metall, sind in der kleinen Ausführung ca. 30 Zentimeter hoch und haben 21,5 Zentimeter Durchmesser. Sie fassen etwa vier Kilogramm Fisch. Mit einem Leergewicht von ca. zwei Kilogramm sind sie ausgesprochen handlich. Die meisten Öfen können durch Zusatzringe verlängert und mit Hilfe von Aufsätzen in Grillöfen umgebaut werden. Andere Modelle lassen sich durch ein teleskopartiges Oberteil so weit verlängern, dass auch Aale in den Öfen geräuchert werden können. Als Räuchermittel dient getrocknetes Holz oder Räuchermehl. Geheizt wird mit Spiritus (flüssig oder trocken), Gas oder Strom.

Räucherschränke

Räucherschränke, die es ebenfalls in verschiedenen Größen gibt, sind Standgeräte. Sie müssen über einen regulierbaren Rauchabzug an einen Kamin angeschlossen werden. Dank der Aufstellung in einem geschlossenen Raum braucht auf Witterungseinflüsse, wie Kälte und Wärme etc., keine Rücksicht genommen werden. Bei richtiger Bedienung können optimale Räucherergebnisse erzielt werden. Wegen des großen Fassungsvermögens der meisten Räucherschränke sind diese weniger zum Hobbyräuchern, sondern mehr für diejenigen geeignet, die ihre Räucherware weiterverkaufen (und zwar nicht nur an Freunde) und die auch einen entsprechend hohen Umsatz an Fisch- und/oder Fleischrauchwaren haben.

Diese Schränke bestehen in der Regel aus einem doppelmanteligen korrosionsfesten Edelstahlgehäuse (die einfacheren Geräte auch aus verzinktem Stahlblech) mit einer dazwischen liegenden Isolierschicht. Die Heizungsschublade kann bei fast allen Schränken mit wenigen Handgriffen auf Holz-, Strom- oder Gasheizung umgerüstet werden. Je nach Hersteller wird der Räuchervorgang über Thermostat und/oder Temperaturregler und Zeitschaltuhr gesteuert. Ganz einfache Räucherschränke aus verzinktem Stahl finden Sie bereits ab 490 DM im Handel.

Mit dem Druckkammerofen kann gleichzeitig gegart und geräuchert werden. Gegart wird mit indirekter Hitze im eigenen Saft. Ähnlich wie beim Schnellkochtopf gibt es keine Geschmacksübertragung von Fisch auf Fleisch.

Räuchern im Druckkammerofen

Eine interessante Variante des Räucherns bietet ein Druckkammer-Grill-und-Räucher-Ofen. Er ist für das Räuchern von Fleisch und Fisch gleichermaßen geeignet. Die Räucherware wird in diesem Ofen nicht durch die direkte Wärme des Holzfeuers, sondern durch indirekt erhitzte Luft gegart und geräuchert. Während des Räucherns/Garens wird innerhalb des Ofens ein Druck von einem Bar aufgebaut. Der Druck sorgt für eine gleichmäßige Verteilung von Hitze und Rauch. Da die Rauchmittel nicht durch Zuführung von Sauerstoff verglimmen, werden überwiegend nur die gasförmigen Räucherstoffe in die Luft abgegeben und auf dem Räuchergut abgelagert. Teer, Ruß und andere Schwebstoffe verbleiben im Rauchmittel.

Gleichzeitig wird dem Fleisch oder Fisch kaum Wasser entzogen, das geräucherte Stück bleibt frisch und saftig. Die Lagerfähigkeit ist dadurch natürlich begrenzt, denn die Haltbarkeit resultiert auch daraus, dass dem Räuchergut Flüssigkeit entzogen wird. Man kann jedoch die Ware tiefgefrieren.

Mit diesem Räucherofen ist es jedoch auch problemlos möglich, die Ware ganz durchzuräuchern oder unterschiedliche Rauchgeschmacksvarianten zu erzeugen. Im letzteren Fall wird das Fleisch oder der Fisch mit Hilfe der eingebauten Ober- und Unterhitze zunächst vorgegart und der Räuchervorgang je nach gewünschtem Geschmack über eine Zeitschaltuhr zugeschaltet.

Ein vielseitiges Gerät

Da sich der Rauch nach dem Räuchervorgang an den Innenwänden des Ofens absetzt, kann dieses Gerät auch in einer Küche betrieben werden. Neben seinen guten Räuchereigenschaften kann der Ofen auch zum Backen, Garen und Warmhalten verwendet werden. Das Gerät ist aus rostfreiem Edelstahl in Doppelmantelbauweise mit Isolierschicht gefertigt, ist rauch- und feuchtigkeitssicher, wird mit einer drucksicheren Tür verschlossen und über Thermostat und Zeitschalter gesteuert. Ober- und Unterhitze sowie die Heizspirale für das Räuchermittel können unabhängig voneinander geschaltet werden.
Dieses Gerät können Sie in zwei Größen beziehen. Die eine Ausführung ist zum Räuchern von 24 Forellen à 250 Gramm oder vier Hähnchen oder sieben Kilogramm Fleisch geeignet. Sie ist 45 Zentimeter lang, 45 Zentimeter breit, 35 Zentimeter hoch und wiegt 25 Kilogramm. Das größere Gerät fasst jeweils das Doppelte seines kleinen Bruders. Es misst 85 mal 45 mal 35 Zentimeter und wiegt 45 Kilogramm. Wegen seiner Vielseitigkeit und des soliden Preises (das kleine Gerät kostet etwa 1.280 DM, das große 1.780 DM) ist dieser Druckkammerofen sowohl für den Hobby- als auch für den Profibereich gut geeignet.

Wegen der günstigen Abmessungen, der großen Kapazität und der vielfältigen Verwendungsmöglichkeiten ist der Druckkammerofen in allen Küchen problemlos einsetzbar. Die Anschrift des Herstellers finden Sie im Adressenverzeichnis (siehe Seite 92).

Räucherzubehör

Für das Pökeln und Räuchern sollten Sie sich nachstehendes Zubehör anschaffen. Sie benötigen jedoch nur einen Teil davon, wenn Sie sich keinen fertigen Ofen kaufen, sondern in Heimarbeit eine eigene Räucheranlage bauen.

Zum Pökeln

Zum Pökeln sind, gleich, ob Sie trocken- oder nasspökeln wollen, einige bestimmte Gerätschaften nötig, ohne die man nicht arbeiten kann und die man sich unbedingt anschaffen sollte.

Pökelwanne
Die Pökelwanne dient zum Trockeneinpökeln und sollte so groß sein, dass das einzupökelnde Stück gut darin Platz hat. Die Wanne sollte aus lebensmittelechtem Kunststoff, säurefestem Edelstahl oder Steingut sein.

Pökelgefäß
In das Pökelgefäß wird die Ware eingelegt, die nass gepökelt werden soll. Das Gefäß sollte mit einem Deckel gut verschließbar sein und aus dem gleichen Material bestehen wie die Pökelwanne. Vor allem muss es absolut säurefest sein.

Pökelgefäße sollten, sofern Metallgefäße benutzt werden, aus Chrom-Nickel-Stahl 18/8 oder 18/10 gefertigt sein. Die Werte geben den Chrom- und Nickelanteil in Prozenten an. 18/10 ist ein sehr hochwertiger Edelstahl. Er ist absolut rostfrei und unempfindlich gegen Speisesäuren.

Fleischmesser
Sie dienen zum Zuschneiden und Putzen der Pökelware und müssen daher außerordentlich scharf sein.

Sudmesser
Der Sudmesser dient zur Bestimmung des Salzgehaltes der Lake. Er ist nicht unbedingt erforderlich.

Zum Räuchern

Wenn Sie sich einen Räucherofen selbst bauen, sind die folgenden Geräte unbedingt notwendig. Bei gekauften Geräten sind diese Bestandteile eingebaut.

Stabthermometer
Dieses Thermometer wird in den Räucherofen eingebaut und dient zur Überwachung der Räuchertemperatur.

Drosselklappe
Die Drosselklappe wird in den Rauchabzug eingesetzt und dient zur Regulierung der Abluft.

Das hier abgebildete Warmräuchergerät eignet sich besonders für das Räuchern von Aalen.

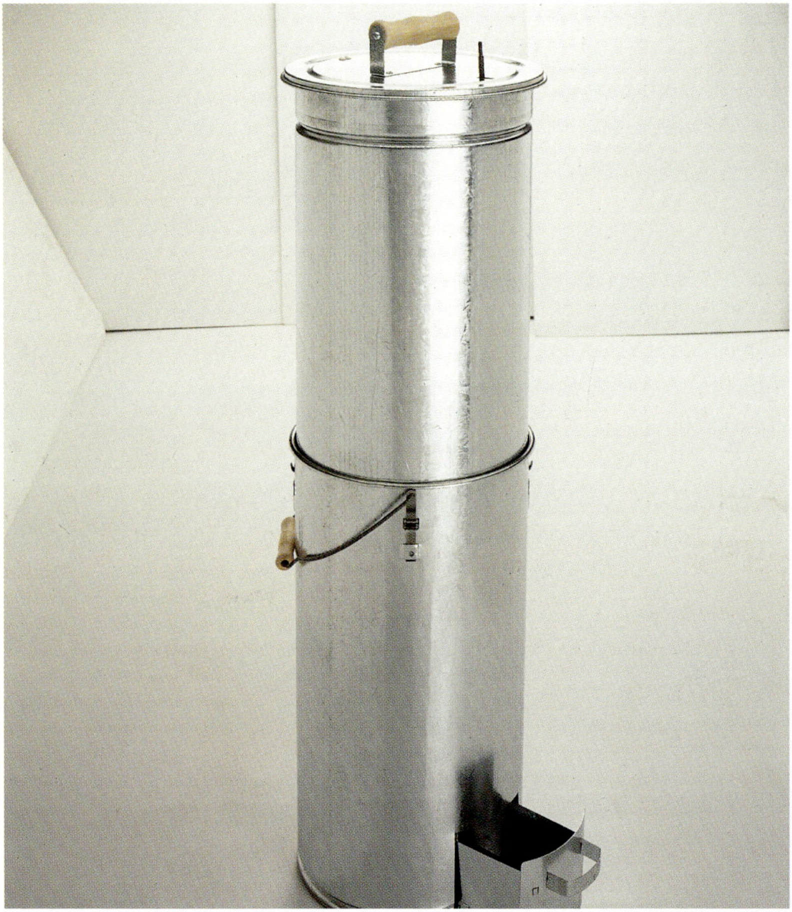

Einen einfachen Brenntisch können Sie leicht selbst bauen. Biegen Sie etwas stärkeres Bandeisen zu einem Ring, verschrauben Sie die Enden und befestigen Sie drei Beine daran.

Räuchermehlschale

Diese Schale dient zur Aufnahme des Räuchermittels und besteht aus extrastarkem Stahlblech. Sie können sich die Räuchermehlschale selbst anfertigen, sie darf sich aber durch Hitze nicht verformen.

Brenntisch

Auf dem Brenntisch wird das Räuchermittel abgestellt. Mit ein wenig Geschick können Sie sich den Tisch aus alten Metallteilen selbst bauen. Er darf aber nicht mit Fremdmaterialien behandelt sein.

Brennschale und Spiritusbrenner

Die Schale dient zur Aufnahme von Trockenspiritus, der Spiritusbrenner zum Verbrennen von flüssigem Spiritus. Beide Geräte werden unter den Brenntisch gestellt.

Fettauffangschale

Sie soll verhindern, dass das von der Räucherware herabtropfende Fett in das Räuchermittel gelangt und verbrennt. Die Pfanne muss Schlitze oder Löcher besitzen, damit der Rauch die Räucherware erreichen kann.

Einstechthermometer

Anhand dieses mit einer Sonde versehenen Thermometers kann die Temperatur im Inneren des Räuchergutes geprüft werden.

Fleischerhaken

Fleischerhaken sind in S-Form gebogene Edelstahlhaken. Sie dienen zum Aufhängen von Fleisch und Fisch.

Fischräucherhaken

Dies sind Haken aus Edelstahl, die am Schaft zwei bis drei längere Dornen haben. Die Dornen werden zur sicheren Aufhängung durch den Bauch des Fisches in das Rückgrat gestochen.

Räucherstangen (Splitterstangen)

Die Stangen sind aus Edelstahl und können als Trägerstangen zum Aufhängen des Räuchergutes verwendet werden. Fische können auch direkt an ihnen aufgehängt werden, indem die Stangen unterhalb des Kopfes quer durch den Fisch gesteckt werden.

Reihenspieß

Der Spieß besteht aus einer Räucherstange, an der Gruppen von drei bis vier Einzelspießen aus Edelstahl befestigt sind. Die Fische werden entweder unterhalb des Kopfes oder hinter der Schwanzflosse auf die Spieße geschoben.

Wurstband

Das Band dient zum Befestigen des Räuchergutes an den Räucherstangen und besteht aus fest verzwirnten Hanf- oder Baumwollfäden.

Holz, Räuchermehl und Gewürzmischungen

Dies sind dringend erforderliche Utensilien für das Räuchern. Die Bezugsquellen finden Sie im Adressenverzeichnis (siehe Seite 92).

Räucherhaken können Sie selbst anfertigen. Sie nehmen nicht allzu dicke Zweige, schneiden die vom Hauptzweig abgehenden Seitenzweige bis auf einen am Stamm ab und verkürzen den verbliebenen Zweig auf etwa drei Zentimeter und spitzen ihn an. Die Rinde wird sorgfältig abgezogen.

Räucherwaren, ob vom Schwein, vom Rind, vom Kalb oder von Geflügel, sind eine Köstlichkeit.

Herzhaft geräucherte Fleisch- und Wurstwaren

Die in diesem Kapitel aufgeführten Rezepte sind Beispiele für die Herstellung von herzhaft Geräuchertem. Sie können und sollten sich hinsichtlich der Gewürzmischungen sowie der Pökel- und Räucherzeiten nach einiger Übungszeit nach Ihrem Geschmack richten. Einige Grundregeln müssen Sie dabei jedoch von Anfang an unbedingt beachten.

1 Dünne und kleine Stücke benötigen kürzere Pökel- und Räucherzeiten als dicke Teile.

2 Scharfe Pökellaken benötigen weniger Zeit zum Durchpökeln als schwächere.

3 Je länger die Ware kaltgeräuchert wird, desto dunkler, trockener, herzhafter und lagerfähiger wird sie.

4 Um die »richtige« Räucherzeit zu ermitteln, sollten Sie sich nach der Farbe des Räuchergutes, nach Ihrem Geschmack und nach der gewünschten Lagerfähigkeit richten.

Gewürzmischungen können Sie auch fertig gemischt kaufen. Der Vorteil: Sie erhalten eine geschmacklich ausgewogene Gewürzzusammenstellung. Der Nachteil: Sie können damit keine individuellen Geschmacksnuancen erreichen.

Pökel- und Gewürzmischungen

Für Ihre ersten Räucherversuche wollen wir Ihnen einige Pökelmischungen vorschlagen. Wenn Sie sich nach einigen oder mehreren Versuchen sicher fühlen, werden Sie selbst nach eigenem Gutdünken und Geschmack die ein oder andere Mischung verändern und Ihre Lieblingsgewürze einbringen. Probieren Sie dies aber möglichst erst an einem kleinen Stück Fleisch aus, falls das Ergebnis noch nicht das von Ihnen gewünschte ist.

Mischungen zum Nasspökeln

Mischung A

Zutaten für 10 l Pökellake

Nitritpökelsalz entsprechend der gewünschten Schärfe verwenden (siehe Seite 26) · je 1 Prise Basilikum, Koriander, Lorbeerblätter, Nelken, Paprika, Pfeffer, · Salbei, Thymian, Wacholder und Zucker

Zubereitung

Die Gewürze nur grob zerkleinern und in einen Leinenbeutel geben. Das Pökelsalz mit der dazugehörigen Menge Wasser und den Gewürzen gründlich aufkochen. Diese Mischung vor Gebrauch vollständig erkalten lassen.

Die aufgeführten Gewürzmischungen dienen als Beispiel. Sie können sie entsprechend Ihren Vorlieben variieren. Versuchen Sie eine neue Mischung, sollten Sie an einer kleinen Fleischmenge ausprobieren, ob das Ergebnis Ihren Erwartungen entspricht.

Mischung B

Zutaten für 10 l Pökellake

Nitritpökelsalz entsprechend der gewünschten Schärfe verwenden (z. B. bei 12 % Schärfe sind es 1,350 kg Nitritpökelsalz; siehe Seite 26) 2–3 Knoblauchzehen · 3 Lorbeerblätter · 25 g Pfefferkörner · 20 g Senfkörner · 20 Wacholderbeeren · 1/2 l Rotwein

Zubereitung

Gewürze in einen Leinenbeutel geben und mit dem Nitritpökelsalz und der entsprechenden Menge Wasser kochen, den Rotwein dazugeben und alles erkalten lassen.

Mischung C

Zutaten für 10 l Pökellake

Nitritpökelsalz gemäß Schärfe verwenden (siehe Seite 26) · je 10 g weißer Pfeffer · Pimet · Muskatnuss · Zimtstangen · Tannenzweigspitzen

Zubereitung

Die Gewürze grob zerkleinern, in einen Leinenbeutel geben und zusammen mit dem Pökelsalz und der entsprechenden Menge Wasser aufkochen und erkalten lassen.

Verarbeiten Sie nur erstklassiges Fleisch zu Schinken. Am besten eignet sich das Fleisch von älteren Schweinen, z. B. Muttersauen oder verschnittenen Ebern. Ihr Fleisch ist fester als das allgemein im Laden erhältliche Fleisch der Fünfmonatsschweine.

Mischung zum Trockenpökeln

Zutaten für 1 kg Fleisch

60 g Salz · 1 g Salpeter · 7 g Zucker · 10 gestoßene Wacholderbeeren
$^1/_2$ geriebene Knoblauchzehe

Zubereitung

Salz, Salpeter und Gewürze gut miteinander vermischen (gegebenenfalls im Mörser) und das Fleisch damit von allen Seiten einreiben.

Salzlaken für Fisch

Mischung A

Zutaten für 10 l Pökellake

Salz gemäß Schärfe verwenden (z. B. 7 % gleich 750 g, siehe Seite 26)
10 Wacholderbeeren · 1$^1/_2$ EL edelsüßer Paprika

Zubereitung

Die Wacholderbeeren im Mörser zerstoßen, mit Paprika gut vermischen und mit der Pökellake aufkochen und erkalten lassen.

Mischung B

Zutaten für 10 l Pökellake

Salz je nach Schärfe verwenden (siehe Seite 26) · 300 g brauner Zucker
$^1/_4$ l Zitronensaft · 1 EL Knoblauchgewürz · 1$^1/_2$ EL Zwiebelgewürz

Zubereitung

Die Gewürze in einer Schüssel gut vermischen, mit der Lake aufkochen, erkalten lassen.

Gewürzmischungen

Die nachstehende Gewürzmischung kann auch für alle Speisen, die sonst nur mit Salz und Pfeffer gewürzt werden, zur Geschmacksintensivierung verwendet werden.

Knoblauch, Loorbeerblätter, Pfeffer, Wacholderbeeren, Paprikapulver und Selleriesalz sind Gewürze, die beim Räuchern häufig verwendet werden.

Mischung A

Zutaten für gepökeltes Fleisch

750 g Speisesalz · 1 EL Zwiebelsalz · 2 EL Selleriesalz · 1 EL Knoblauchsalz
2 EL Paprikagewürz · 4 EL schwarzer Pfeffer · 4 EL weißer Pfeffer
2 EL Dillsalz · 4 EL Zucker

Zubereitung

Alle Zutaten vermischen und mehrere Tage zum Durchziehen an einen trockenen Ort stellen. In Gläsern gut verschließen.

Mischung B

Zutaten für gepökeltes Fleisch

1 EL Zwiebelpulver · 1 EL Knoblauchgewürz · 1 EL Paprikagewürz
4 EL schwarzer Pfeffer · 4 EL weißer Pfeffer

Zubereitung

Die Gewürze gut miteinander vermischen. Zum Durchziehen mehrere Tage an einen trockenen Ort stellen. Dann in Gläsern gut verschließen.

Kochschinken wird im Gegensatz zum rohen Schinken nur mild gepökelt, je nach Geschmack etwa eine halbe Stunde warmgeräuchert und anschließend gar gekocht. Die Schwarten verbleiben meistens am Schinken.

Räucherrezepte für Schinken

Ganze Schinken zu räuchern ist nicht ganz unproblematisch. Voraussetzungen für ein gutes Gelingen sind:

1 Das Schwein muss stressfrei geschlachtet worden sein.

2 Es darf keine Blutergüsse, besonders an den Beinknochen, haben. Blutergüsse führen zum Verderben des Schinkens.

3 Das Fleisch muss nach dem Schlachten zwei Tage gereift sein.

4 Alle Arbeitsschritte sind mit peinlicher Sauberkeit auszuführen.

Grundrezept

Heiß gegarter Schinken: Mit einer 15-prozentigen Gewürzpökellake spritzen, 2 Tage in Lake gleicher Schärfe legen, leicht abbrausen und goldgelb räuchern. Danach bei 85 °C auf eine Kerntemperatur von 66 °C garen. Den Schinken anschließend an der Luft erkalten lassen.

Die am Beispiel des Knochenschinkens beschriebenen Arbeitsschritte gelten grundsätzlich auch für alle anderen Schinkenarten.

Knochenschinken

Zutaten

1 ganzer Schinken vom Schwein (etwa 10–12 kg)
Pökelsalzmischung aus 500–600 g Salz · 12 g Salpeter · 20 g Zucker

Zubereitung

1 Der Schinken wird von allen Seiten sorgfältig geputzt, d. h., er wird glatt geschnitten und an den Ecken abgerundet. 2 Die Schaufel des Schlossknochens wird abgesägt. Sie würde beim fertigen Schinken aus dem Fleisch herausragen. 3 Der Schinken wird in ein Gefäß gelegt, das mindestens der Größe des Schinkens entspricht. 4 Der Schinken wird nun von allen Seiten gründlich und gleichmäßig mit der Pökelsalzmischung eingerieben. Er muss überall von einer kräftigen Salzkruste umgeben sein. An den Verbindungsstellen zwischen Knochen und Fleisch wird das Pökelsalz nach innen bis zum Gelenk gepresst, damit das Gelenkwasser abgesogen und die Gefahr des Verderbens verringert wird. 5 Der Schinken wird nun in einen kühlen (5 bis 8 °C), luftigen, aber nicht zugigen Raum zum Durchpökeln auf einen Lattenrost gestellt. In einer Wanne fangen Sie die heraustrop-

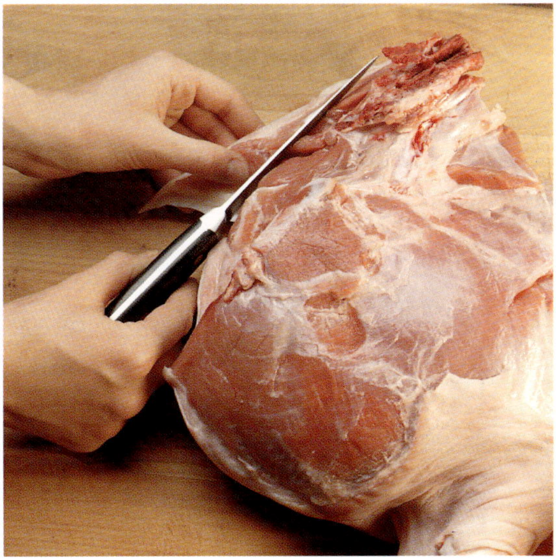

1 *Putzen Sie den Schinken, d.h. schneiden Sie ihn glatt und runden Sie ihn an den Ecken ab.*

4 *Reiben Sie den Schinken gleichmäßig mit der Pökelsalzmischung ein.*

8 *Übergießen Sie den Schinken nach dem Durchbrennen mit kaltem Wasser.*

10 *Hängen Sie den Schinken zum Räuchern in der Räucherkammer auf.*

fende Lake auf. Sie wird bei diesem Verfahren nicht verwendet. Die Pökelzeit beträgt pro Kilogramm Gewicht 2 Tage, also bei 10 Kilogramm 20 Tage. Während der Pökelzeit muss der Schinken jede Woche einmal gewendet werden. Nach dem Wenden muss er erneut mit Salz nachgerieben werden. **6** Nach dem Pökeln wird die vorhandene Salzschicht abgewischt. **7** Nun wird der Schinken zum Durchbrennen in ein Gefäß gegeben und auf den Knochen gestellt. Durch das Durchbrennen gleicht sich der Salzgehalt aus, der Schinken gewinnt an Aroma und wird mürbe. Da er auf dem Knochen steht, sinkt das überschüssige Salz dahin ab und verhindert, dass die wertvollen Fleischteile zu salzig werden. Die Durchbrenndauer beträgt 2 Tage mehr als die Pökelzeit, bei 10 Kilogramm folglich 22 Tage. **8** Nach dem Durchbrennen wird der Schinken in das Gefäß gelegt und mit kaltem Wasser übergossen, bis er bedeckt ist. Nach etwa 12 Stunden wird er herausgenommen und mit lauwarmem Wasser abgewaschen. **9** Nun lässt man den Schinken 1 bis 2 Tage auf einem luftigen Rost nachtrocknen. Der Raum sollte kühl, dunkel und gut zu lüften sein. **10** Den Schinken mit einem Fleischerhaken oder einer Schlaufe aus Wurstband am Knochen in der Räucherkammer aufhängen. 4 bis 6 Wochen lang kalträuchern. **11** Zum Lagern ist es am besten, den Schinken in seine Einzelstücke zu zerlegen, die Knochen herauszulösen und die Fleischteile vakuumverpackt in Folie einzuschweißen. In diesem Zustand behält er sein Aroma und kann auch in feuchteren Kellerräumen gelagert werden. Man kann diesen Schinken auch einfrieren. Man sollte aber bedenken, dass dabei mit der Zeit ein großer Teil seines wunderbaren Aromas verloren geht.

Gekochter Rinderschinken ist als Rindersaftschinken bekannt. Er wird wie der gekochte Schweineschinken hergestellt. Damit er eine schöne Form erhält, sollte er in einer Schinkenkochform gegart werden.

Spaltschinken

(flacher Schinken ohne Knochen, bestehend aus Unterschale, Nuss und Hüfte)

Zutaten

1 Spaltschinken · Pökelmischung aus 3 kg Nitritpökelsalz

180 g schwarzer Pfeffer · 90 g Knoblauchpulver

Zubereitung

1 Der Spaltschinken wird dick mit einem Teil der Mischung eingerieben und in ein Pökelgefäß gelegt. **2** Nach 1 Woche wird die Lake abgegossen. **3** Der Schinken wird mit einem weiteren Teil Pökelmischung erneut eingerieben und mit der oberen Seite nach unten in das Pökelgefäß gelegt. **4** Der Vorgang wird 4 Wochen lang wiederholt. **5** Danach wird der Schinken für 24 Stunden gewässert und 10 bis 14 Tage getrocknet und durchgebrannt. **6** Anschließend wird er 6 Tage lang oder bis er die gewünschte Farbe erreicht hat, kaltgeräuchert.

Wacholderschinken

Zutaten für 1 l Wasser

Gewicht und Anzahl der Schinkenstücke je nach Belieben und Bedarf. Die Menge der Pökellake hängt dabei vom Umfang des zu pökelnden Schinkens ab.

1 l Wasser · 120 g Nitritpökelsalz · 1 TL Zucker

6 gehäufte TL zerdrückte Wacholderbeeren

Zubereitung

1 Die Lake herstellen (siehe Seite 26). **2** Die Schinkenstücke in einen Steintopf oder einen anderen zum Pökeln geeigneten Topf legen und mit der Lake übergießen, bis alle Stücke gut bedeckt sind. **3** Jede Woche ein- bis zweimal umpacken (die oberen Stücke nach unten etc.). **4** 2 Wochen lang pökeln. **5** Aus der Lake herausnehmen, lauwarm abwaschen, ein paar Tage trocknen lassen. **6** 1 bis 2 Wochen oder bis der Schinken die gewünschte Farbe angenommen hat, einmal täglich kalträuchern. **7** Damit der Wacholderschinken seinem Namen auch Ehre macht, beim Kalträuchern auf das Rauchmittel jeweils 1 Teelöffel Wacholderbeeren geben.

Variante

Wer Kümmel-, Koriander- oder Knoblauchschinken herstellen will, muss anstelle von Wacholderbeeren das entsprechende Gewürz verwenden.

Herauslösen des Rohrknochens: Die Gewebenaht wird zwischen Oberschale und Nuss bis zum Knochen eingeschnitten. Das Fleisch wird vom Knochen getrennt, der Knochenkopf an der Kniescheibe freigelegt und herausgenommen. Anschließend wird die Kniescheibe entfernt.

Lachsschinken

Lachsschinken wird aus dem Auge des Kotelettstranges geschnitten. Ist das Fleischstück von einer dünnen Speckschicht umhüllt, wird er auch als Pariser Lachsschinken bezeichnet.

Lassen Sie das Fleisch vom Schlachter zuschneiden. Er wird es aus dem Kotelettstrang auslösen und die Schwarte abziehen. Doch etwas Fett sollte am Fleisch bleiben. Aus dem restlichen Fett lassen Sie sich ebenfalls eine ein Zentimeter dicke Platte schneiden.

Zutaten

Pökellake aus $3^1/_2$ l Wasser · 500 g Nitritpökelsalz · 50 g Kandiszucker

Zubereitung

1 Die Lake herstellen (siehe Seite 26). **2** Den Lachsschinken und die Fettplatte in ein Pökelgefäß geben und die kalte Lake darüber gießen, bis beides gut bedeckt ist. **3** 5 bis 6 Tage pökeln und anschließend 6 Tage lang trocknen lassen. **4** Das Fleisch von den Sehnen befreien, lauwarm abwaschen und abtrocknen. **5** Bevor Sie den Lachsschinken mit Speck umwickeln, müssen Sie ihn kurz mit Lake einstreichen. Der Speck schmiegt sich dann besser an das Fleisch. **6** Anschließend die Fettplatte ganz fest um den Lachsschinken wickeln. **7** Den so behandelten Schinken 3 bis 5 Tage leicht kalträuchern.

5 *Streichen Sie den Lachsschinken noch einmal mit der Lake ein.*

6 *Wickeln Sie die vorbereitete Fettplatte ganz fest um den Schinken.*

Rinderschinken

Zutaten für 1 kg Schinken

Für Rinderschinken eignet sich hervorragend die Unterschale. Selbstverständlich können von Ihnen aber auch andere Teile der Keule verarbeitet werden.

Zum Trockenpökeln (siehe Seite 22f.) 50–60 g Nitritpökelsalz · 3 g Zucker

Zubereitung

1 Pökelsalz und Zucker gut vermischen. 2 Das Fleisch zurechtputzen und gleichmäßig mit Pökelsalz einreiben. 3 Der Schinken bleibt für 3 Wochen in der Pökelung. Damit er nicht in der sich nach und nach bildenden Lake schwimmt, wird er auf einen Rost gelegt. 4 Die Pökellake nicht aufheben, sondern weggießen. 5 Nach 3 Wochen müssen Sie den Schinken 12 Stunden lang wässern, anschließend trocknen. 6 Je nach Geschmack und gewünschter Farbe 2 bis maximal 3 Wochen lang kalträuchern. Den hierfür notwendigen Rauch müssen Sie allerdings nur jeden 2. Tag erzeugen.

Verwenden Sie zum Räuchern Sägemehl, sollten Sie es mit der flachen Hand leicht anklopfen. Dadurch entweichen Lufteinschlüsse, das Sägemehl bildet eine feste Verbindung und verglimmt gleichmäßig.

Geräucherte Kalbskeule

Zutaten

1 Kalbskeule · 150 g Nitritpökelsalz · 40 g Zucker · 3 Wacholderbeeren
$^1/_4$ l schwach gesalzene Rinderbrühe

Zubereitung

1 Das Nitritsalz mit dem Zucker mischen. 2 Die Kalbskeule damit gründlich einreiben und in ein Pökelgefäß legen. 3 Mit der schwach gesalzenen Fleischbrühe übergießen und die Wacholderbeeren hinzugeben. 4 An einen kühlen Ort stellen. 5 Die Kalbskeule unbedingt täglich wenden. 6 Nach 1 Woche aus der Lake nehmen, lauwarm abwaschen. 7 2 Tage trocknen und durchbrennen lassen (siehe Seite 28). 8 Dann können Sie die gepökelte Kalbskeule 10 Tage lang kalträuchern. Diese geräucherte Kalbskeule ist eine besondere Delikatesse.

Wildschweinschinken

Bei Wildfleisch, das geschossen wurde, sollten Sie den Schinken vor der Weiterverarbeitung sehr genau auf Verletzungen untersuchen. Blutergüsse, vor allem an den Gelenken und Knochen, führen zum Verderben des Schinkens.

Zutaten für 1 l Wasser

Gewicht oder Anzahl der Einzelstücke nach Beblieben. Die Menge der Pökellake hängt von der Menge des zu pökelnden Fleisches ab (siehe Seite 26).

120 g Nitritpökelsalz · 1 TL Zucker · 3 TL zerdrückte Wacholderbeeren
1 TL Koriander (nach Belieben) · 1/2 TL Knoblauchpulver oder
1/2 zerdrückte Knoblauchzehe

Zubereitung

1 Die Pökellake herstellen (siehe Seite 26). **2** Schinkenstücke putzen, in ein Pökelgefäß legen und mit Pökellake übergießen, bis sie gut bedeckt sind. **3** Pro Woche die einzelnen Stücke zweimal umstapeln. **4** Nach 2 Wochen aus der Pökellake nehmen und lauwarm abwaschen. **5** 2 Tage trocknen und durchbrennen lassen (siehe Seite 28). **6** 10 bis 14 Tage einmal pro Tag kalträuchern. Zur Würzung des Rauches können pro Räuchergang Tannenzapfen oder ein paar Wacholderbeeren dazugegeben werden.

Varianten

Hirsch-, Damwild- oder Rehfleisch werden auf ähnliche Weise geräuchert. Die Gewürzzugaben können Sie je nach Geschmacksrichtung und Intensität variieren.

Räucherrezepte für Dauer- und Kochwürste

Für die Wurstherstellung benötigen Sie neben Standardgeräten wie Messer und Schüssel einen Fleischwolf mit unterschiedlichen Scheiben, einen dazu passenden Füllaufsatz zum Stopfen der Därme und unterschiedlich große Därme. Die Därme können Sie als Natur- und/oder Kunstdärme bei Ihrem Schlachter kaufen. Naturdärme sind vor der Verarbeitung mindestens zwölf Stunden in kaltem Wasser einzuweichen, damit sie dehnfähig werden und ein Salzausschlag vermieden wird. Kunstdärme brauchen nur angefeuchtet zu werden.

Kunststoffdärme sind ungeeignet, da sie luftundurchlässig sind und daher beim Räuchern auch keine Aromastoffe in die Wurstmasse durchlassen.

Das ist wichtig

Bei der Zubereitung von Dauerwurst müssen Sie Folgendes beachten:
1 Fleisch und Speck müssen kalt, am besten leicht angefroren sein.
2 Damit die Rohware nicht zu warm wird, soll die Temperatur im Arbeitsraum nicht über 15 °C liegen.
3 Fleisch, Fett und andere Zutaten müssen absolut trocken verarbeitet werden.
4 Die Fleischmesser und die Messer des Fleischwolfes müssen scharf sein, da sonst Wurstfehler auftreten können.
5 Je besser die Qualität der Ausgangsware ist, desto höher ist die Qualität der Wurst.

Därme werden in Kaliber gemessen. Unter Kaliber versteht man den Durchmesser des frischen, aufgeblasenen Darms in Millimeter. Ein Saitling Kaliber 14/16 hat demnach einen Durchmesser von 14 bis 16 Millimeter.

Grundrezept

1 Fleisch und Fett in 3 bis 4 Zentimeter große Stücke schneiden. 2 Das Material gut durchkühlen. Es sollte nicht wärmer als 3 °C sein. 3 Rindfleisch durch die grobe Scheibe des Fleischwolfes drehen. 4 Schweinefleisch, Speck, Rindfleischmasse und Gewürze gründlich miteinander vermischen. 5 Die Mischung durch die kleine Scheibe des Fleischwolfes drehen. 6 Ist das Fleisch dabei warm geworden, muss es erneut gekühlt werden. 7 Die Mischung gründlich durchkneten. 8 Die Wurstrohmasse auf 3 °C kühlen. 9 Die Rohmasse in die Därme stopfen: **a.** Auf den Fleischwolf einen Füllaufsatz passend zur Darmgröße aufsetzen. **b.** Den Darm vollständig auf den Füllaufsatz schieben. Das offene Ende mit einem Wurstband fest zubinden. **c.** Um den Darm zu stopfen, aus der Rohmasse kleine Bälle formen und so in den Fleischwolf stopfen, dass an einer Seite ein kleiner Luftspalt zwischen Walze, Öffnung und Wurstrohmasse bestehen bleibt. Die Luft im Innenraum des Fleischwolfes muss nach oben entweichen können. Sie darf nicht in den Darm gepresst

1 + 3 *Drehen Sie das in Stücke geschnittene Fleisch durch den Fleischwolf.*

4 *Vermischen Sie das Schweinefleisch, den Speck, die Rindfleischmasse und die Gewürze.*

5 *Drehen Sie die Mischung zügig durch die kleine Scheibe des Fleischwolfes.*

7 *Kneten Sie die Mischung so durch, dass sich Fleisch- und Fettpartikel verbinden.*

9a + b *Schieben Sie den Darm auf den Füllaufsatz und binden Sie ihn zu.*

9c *Stopfen Sie Bälle aus Wurstrohmasse in den Fleischwolf.*

10 + 11 *Stopfen Sie die Würste so fest, dass keine Lufteinschlüsse mehr vorhanden sind.*

13 + 14 *Hängen Sie die mit einem Wurstband abgebundene Wurst über einen Stock.*

Planen Sie, häufiger Dauerwurst herzustellen, und wollen Sie sichergehen, dass die Würste immer gleichmäßig fest gestopft werden, sollten Sie sich eine Wurstfüllmaschine zulegen.

werden. **10** Mit der anderen Hand wird die Kurbel des Fleischwolfes bedient. Über die Walze und den Füllaufsatz die Rohmasse in den Darm befördern. **11** Eine zweite Person hält den Darm auf dem Wurstaufsatz mit beiden Händen so fest, dass er nur durch kräftigen Druck der Wurstmasse vom Füllaufsatz gezogen werden kann. Entscheidend ist, dass die Rohwurst ganz fest gestopft wird. Lufteinschlüsse bedeuten graue Stellen, Schimmelwachstum und Ranzigwerden. **12** Ist der Darm gefüllt, wird er mit Wurstband abgebunden. Dabei noch Wurstmasse in das freie Ende drücken. Nur so kann vermieden werden, dass Luft in die Wurst gelangt. **13** Nach dem ersten Abbinden das freie Ende des Darms umbiegen und quer zum ersten Abbinden nochmals abbinden. Das lose Ende des Wurstbands zu einer Schlaufe verknüpfen. **14** Die fertige Wurst an der Schlaufe über einen Stock hängen. **15** Zum Reifen in einem kühlen, dunklen, aber gut belüfteten Raum aufhängen. Die Temperatur sollte um 15 °C liegen und die Luftfeuchtigkeit möglichst 75 bis 85 Prozent betragen. Die Reifezeit beträgt bei Würsten mittlerer Stärke bis zu 2 Wochen. Bei kühleren Temperaturen verlängert sich die Reifezeit entsprechend. Die Umrötung und die Reifedauer hängen natürlich auch vom Durchmesser der Würste ab. **16** Nach dem Umröten/Reifen wird die Wurst bei Temperaturen unter 20 °C kaltgeräuchert. Das Räuchern kann je nach Wurstart, Stärke der Wurst und Rauchverfahren einige Tage oder möglicherweise Wochen dauern. Damit die Wursthüllen nicht austrocknen und spröde werden, sollte die Luftfeuchtigkeit im Räucherraum bei 75 bis 80 Prozent liegen. **17** Haben die Würste nach kürzerer oder längerer Zeit eine kräftige Rauchfarbe angenommen, können sie aus dem Rauch genommen werden. **18** Die fertige Dauerwurst müssen Sie kühl, dunkel und trocken lagern. Die Lagertemperatur sollte um 10 °C betragen, jedoch nicht unter 5 °C sinken.

Tipp

Für die private Wurstzubereitung reicht ein handbetriebener Fleischwolf aus. Wenn Sie Wurst jedoch in größerem Umfang herstellen wollen, sollten Sie sich unbedingt einen leistungsstarken elektrischen Fleischwolf zulegen.

Bauernmettwurst nach Münsterländer Art

Zutaten

1 kg mageres Schweinefleisch · 1 kg entschwarteter Speck
1 kg mageres Rindfleisch · 75 g Salz · 1 g Salpeter · 9 g Zucker
9 g gemahlener weißer Pfeffer · 6 EL Senfkörner

Zubereitung

1 Das Schweinefleisch durch die grobe Scheibe, das Rindfleisch durch die feine Scheibe des Fleischwolfes drehen. **2** Den Speck in feine Würfel schneiden. **3** Alles mit den Gewürzen vermengen und gut durchkneten. **4** Abschmecken und wie im Grundrezept beschrieben (siehe Seite 61ff.) in mittelgroße Därme füllen. **5** Gut reifen lassen. **6** Kalträuchern (siehe Seite 32), bis die Würste die gewünschte Farbe haben.

Katenwurst

Zutaten

1,35 kg grob entfettetes Schweinefleisch · 1,05 kg kerniger, entschwarteter Speck · 600 g mageres Rindfleisch · 84 g Salz · 1 g Salpeter · 15 g Zuckerkombinat (Mischung aus Einfachzucker, Doppelzucker und Dextrin); die Mischung können Sie bei Ihrem Fleischer oder im Fleischereifachhandel kaufen) · 6 g gemahlener weißer Pfeffer · 1,5 g weiße Pfefferkörner
$1^1/_2$ g Ingwer · $1^1/_2$ g Knoblauchauszug mit Rum

Zubereitung

1 Schweinefleisch und Rindfleisch durch die grobe Scheibe des Fleischwolfes drehen. **2** Den Speck in bohnengroße Würfel schneiden. **3** Fleisch und Speck auf etwa 4 °C abkühlen. **4** Danach die Gewürze mit Fleisch und Speck vermengen und durch die mittlere Scheibe des Fleischwolfes drehen, gut durchkneten, abschmecken. **5** Wie im Grundrezept beschrieben (siehe Seite 61ff.) in mittelgroße Wursthüllen stopfen. **6** Mit Wurstband zweimal sorgfältig abbinden. **7** Langsam reifen lassen. **8** Kalträuchern (siehe Seite 32), bis die Würste die gewünschte Farbe haben.

Verwenden Sie zum Würzen neu gekaufte oder frisch zubereitete Gewürze. Waren, die schon ein Jahr bei Ihnen im Schrank gestanden haben, dürften bereits einen Teil ihrer Würzkraft verloren haben.

Schinkenplockwurst

Zutaten

2,25 kg mageres Schweinefleisch · 750 g kerniger Speck vom Rücken
75 g Salz · 1 g Salpeter · 6 g Zucker · 9 g gemahlener weißer Pfeffer

Zubereitung

1 Das Schweinefleisch und den durchgekühlten Speck durch die grobe Scheibe drehen. **2** Mit den Gewürzen vermengen, gut durchkneten, abschmecken. **3** Wie beschrieben in mittelgroße Därme stopfen, langsam reifen lassen. **4** Kalträuchern (siehe Seite 32, 64).

Pommersche Mettwurst

Zutaten

900 g durchwachsenes Schweinefleisch · 600 g Rückenspeck (ohne Schwarte)
1,5 kg mageres Rindfleisch · 75 g Salz · 1 g Salpeter
9 g gemahlener weißer Pfeffer

Zubereitung

1 Das Schweinefleisch durch die feine Scheibe des Fleischwolfes drehen. **2** Das Rindfleisch mit dem Salz und dem Salpeter ebenfalls durch die feine Scheibe drehen. **3** Den Speck in bohnengroße Stücke schneiden. **4** Speck mit dem Rindfleisch und den restlichen Gewürzen vermengen, gut durchkneten und abschmecken. **5** Wie beschrieben (siehe Seite 61ff.) in Därme stopfen, langsam reifen lassen. **6** Kalträuchern (siehe Seite 32, 64).

Verwenden Sie zum Räuchern Holzscheite, dann müssen Sie darauf achten, dass das Holz mindestens ein Jahr lang getrocknet wurde. Nasse oder grüne Hölzer würden zu viele Schadstoffe an den Rauch abgeben.

Ungarische Salami

Zutaten

2 kg mageres, entsehntes Schweinefleisch · 1 kg entschwarteter Rückenspeck
oder fette Schweinebrust · 84 g Salz · 1 g Salpeter · 12 g Zucker
3 g gemahlener weißer Pfeffer · 3 g Kardamom · 3 g Muskatnuss
3 g Mazis · 1 cl Rotwein · 1 1/2 Knoblauchzehen

Zubereitung

1 Speck in 1 Zentimeter große Würfel schneiden. **2** Das gut gekühlte, trockene Schweinefleisch mit dem Speck durch die grobe Scheibe des Fleischwolfes drehen. **3** Die Rohmasse über Nacht auf 2 bis 3 °C abkühlen. **4** Am nächsten Morgen die Masse mit den Gewürzen vermischen. **5** Nochmals durch die mittelgroße Scheibe des Fleischwolfes drehen und anschließend gut durchkneten, abschmecken. **6** Kleine Portionen der Wurstmasse zu Ballen werfen. Durch das In-Ballen-Werfen werden noch vorhandene Lufteinschlüsse aus der Rohmasse entfernt. **7** Die Wurstrohmasse bei 15 °C 2 Tage lang ruhen lassen. **8** Anschließend, wie im Grundrezept (siehe Seite 61ff.) beschrieben, in große Därme Kaliber 80/90 stopfen, reifen lassen. **9** Kalträuchern (siehe Seite 32, 64), bis die Würste die gewünschte Farbe erreicht haben.

Mettwurst nach Holsteiner Art

Zutaten

2 kg Rindfleisch · 1 kg Schweineschulter · 75 g Salz · 1 g Salpeter

9 g Zucker · 9 g gemahlener Pfeffer · 2 cl 40%iger Rum

Zubereitung

1 Rindfleisch und Schweinefleisch grob zerkleinern. **2** Das Rindfleisch durch die feine, das Schweinefleisch durch die mittlere Scheibe des Fleischwolfes drehen. **3** Mit den Gewürzen und dem Rum vermengen und mindestens 5 Minuten lang gründlich durchkneten. **4** Mit Hilfe des Fleischwolfes und des Füllaufsatzes die Rohmasse, wie im Grundrezept beschrieben (siehe Seite 61ff.), sehr fest in mittelgroße Därme zu etwa 1 Kilogramm stopfen. **5** 24 Stunden trocknen lassen. **6** 20 bis 25 Tage kalträuchern (siehe Seite 32, 64), bis die Würste die gewünschte Farbe erreicht haben. Achten Sie auf die richtige Luftfeuchtigkeit beim Reifen. Trockene Luft lässt die Würste außen austrocknen, während der Kern feucht bleibt. Solche Ware ist nicht lagerfähig. Sie können die Luftfeuchtigkeit durch Versprühen von Wasser erhöhen.

Bildet sich während des Lagerns von Dauerwürsten Schimmel auf der Oberfläche der Wurst, deutet es darauf hin, dass entweder die Lagerraumtemperatur zu hoch ist oder der Raum nicht ausreichend belüftet ist.

Die würzige Zervelatwurst schmeckt besonders gut zu dunklen Brotsorten und sollte auf keiner Brotzeitplatte fehlen.

Zervelatwurst

Zutaten

2,6 kg gut abgehangenes Rindfleisch · 400 g kerniger Rückenspeck ohne Schwarte · 84 g Salz · 1 g Salpeter · 6 g Zucker
9 g gemahlener weißerPfeffer

Vermeiden Sie Rauchfehler, indem Sie die Würste nicht zu dicht hängen. Der Rauch muss alle Seiten gleichmäßig umstreichen können. Lassen Sie den Würsten nach jedem Rauchgang Zeit zum Abkühlen.

Zubereitung

1 Rindfleisch und Speck grob zerkleinern. **2** Beide durch die feine Scheibe des Fleischwolfes drehen. **3** Mit den Gewürzen vermengen und mindestens 5 Minuten lang gründlich durchkneten. **4** Mit Hilfe des Fleischwolfes, des Füllaufsatzes und eines Helfers, der den Darm festhält, die Rohmasse, wie im Grundrezept beschrieben (siehe Seite 61ff.), sehr fest in mittelgroße Därme zu etwa 1 Kilogramm stopfen. **5** Die Würste 2 bis maximal 3 Wochen in einem zugluftfreien Raum reifen lassen. **6** 4 bis 5 Tage lang kalträuchern (siehe Seite 32, 64), bis die Würste die von Ihnen gewünschte Farbe erhalten haben.

Salamistangen

Zutaten

2 kg Rindfleisch · 1 kg Speck ohne Schwarte vom Rücken oder Nacken
75 g Salz · 1 g Salpeter · 6 g gemahlener weißer Pfeffer · 6 g Zucker
$1^1/_2$ g gemahlene Muskatnuss · $1^1/_2$ g Majoran · $1^1/_2$ g Kümmel
1 Knoblauchzehe

Zubereitung

1 Rindfleisch und Speck grob zerkleinern. **2** Das Rindfleisch durch die feine Scheibe, den Speck durch die mittlere Scheibe des Fleischwolfes drehen. **3** Die Knoblauchzehe zerdrücken, alles zusammen mit den Gewürzen vermengen und mindestens 5 Minuten lang durchkneten. **4** Mit Hilfe des Fleischwolfes und des Füllaufsatzes die Rohmasse sehr fest in Dünndärme stopfen (siehe Seite 61ff.). **5** Paarweise in 20 bis 25 Zentimeter lange Würste abbinden. **6** 2 bis 3 Wochen in einem zugluftfreien Raum reifen lassen. **7** 3 Tage kalträuchern (siehe Seite 32).

Feine Streichmettwurst

Zutaten

1 kg Schweineschulter oder Putzfleisch · 1 kg schmalziger Speck
1 kg fettes Rindfleisch · 72 g Nitritpökelsalz · 6 g Zucker · 1,5 g Askorbinsäure · 6 g gemahlener Pfeffer · 3 g Rosenpaprika · $1^1/_2$ g Mazis.

Zubereitung

1 Schweinefleisch, Speck und Rindfleisch klein schneiden. **2** Das Rindfleisch durch die feine Scheibe des Fleischwolfes drehen, mit dem Schweinefleisch und dem Speck vermischen und nochmals durch die kleine Scheibe drehen. **3** Die Masse mit den Gewürzen vermischen und so lange verkneten, bis sie homogen ist. Abschmecken. **4** Die Därme stopfen (siehe Seite 61ff.). **5** 4 Tage bei 15 bis 18 °C und 80 Prozent Luftfeuchtigkeit umröten lassen. **6** 12 Stunden kalträuchern und weitere 2 Tage bei 13 bis 15 °C nachreifen lassen (siehe Seite 32).

Eine fertige Streichmettwurst sollte eine appetitanregende lachsrote Farbe besitzen. Diese Farbe erhält sie durch einen ausgewogenen Anteil von Rindfleisch und Speck sowie durch die Umrötungseigenschaften des Nitrits im Pökelsalz.

Kochwurst

Zutaten

1,5 kg mageres Schweinefleisch · 750 g entschwarteter Speck
750 g Rindfleisch · 75 g Nitritpökelsalz · 1$^1/_2$ g Zucker
9 g gemahlener Pfeffer · 3 g gemahlener Ingwer

Zubereitung

1 Schweinefleisch und Speck grob zerkleinern und durch die grobe Scheibe des Fleischwolfes drehen. **2** Das Rindfleisch grob zerschneiden und durch die feine Scheibe des Fleischwolfes drehen. **3** Alles zusammen mit den Gewürzen gründlich vermengen, gut durchkneten und abschmecken. **4** In dünne Schweinedärme füllen, zu Paaren abdrehen und abbinden. **5** Die Nacht über in einem nicht zu kühlen, luftigen Raum trocknen lassen. **6** Kalt goldgelb räuchern (siehe Seite 32, 64).

Hausmacherleberwurst

Eine gute Leberwurst sollte einen rosa Anschnitt sowie mildes, deutlich nach Leber schmeckendes Aroma besitzen. Sie erreichen dies durch die Verarbeitung von roher Leber, ausgekühltem Fleisch, Nitritsalz und der richtigen Gewürzzusammenstellung.

Zutaten

1,2 kg Schweineleber · 1,2 kg Bauchfleisch · 300 g Schwarte
300 g Schmalz · 3 mittelgroße Zwiebeln · 54 g Salz · 6 g gemahlener weißer Pfeffer · 1,5 g Piment · 1,5 g Majoran

Zubereitung

1 Die Schweineleber 2 Minuten lang in kochend heißem Wasser brühen. Danach die Haut abziehen und die Leber in 10 Zentimeter große Stücke schneiden. Sie muss innen noch weich und blutig sein. **2** Die Schwarte in kochendem, leicht gesalzenem Wasser garen. **3** Das Bauchfleisch zerkleinern. **4** Die Leberstücke zusammen mit Bauchfleisch und Schwarte zweimal durch die feine Scheibe des Fleischwolfes drehen. **5** Die Zwiebeln klein schneiden. **6** Das Schmalz mit den Zwiebeln braten. Die Zwiebeln dürfen dabei nur goldgelb werden. **7** Schmalz und Zwiebeln 2 Stunden lang im warmen Zustand ziehen lassen. **8** Die Zwiebelstücke mit einem Sieb abziehen. Ohne die Zwiebelstücke ist die

Wurst bekömmlicher. **9** Das Schmalz wird zur Wurstmasse gegeben und zusammen mit den Gewürzen gründlich vermischt. **10** Die Wurstmasse abschmecken. Sie darf ruhig etwas scharf gewürzt sein, denn sie verliert beim anschließenden Kochen an Intensität. **11** Die Wurstrohmasse in Därme füllen (siehe Seite 61ff.). Besonders geeignet sind Naturdärme wie Fettenden, Rinderkranzenden und Schweinesaitlinge, aber auch Kunstdärme. Das Füllgewicht sollte etwa 500 Gramm betragen. **12** Die Würste werden über Kopf abgebunden. **13** Nach dem Füllen kommen die Leberwürste in fast kochend heißes Wasser. Sie sollen bei 75 bis 80 °C gar ziehen. Die Temperatur mit einem Thermometer überprüfen. Sinkt sie unter 75 °C, muss vorsichtig heißes Wasser nachgegossen werden. **14** Die Würste müssen mit einem Rost beschwert werden, damit sie nicht an der Oberfläche schwimmen. **15** Die Garzeit beträgt pro Zentimeter Durchmesser etwa 10 Minuten. **16** Dann die Würste etwa 10 Minuten in lauwarmem Wasser langsam abkühlen. Erkaltet die Wurst zu schnell, bildet sich am Darm ein Fettrand. **17** Wollen Sie das Fett besonders gut in der Wurst verteilen, können Sie sie auf einem Brett hin und her rollen. **18** Zuletzt etwa 5 Minuten lang in kaltem Wasser abkühlen. **19** Lieben Sie Rauchgeschmack, können die Würste einige Stunden bis Tage kaltgeräuchert werden (siehe Seite 32, 64).

Über Kopf abbinden heißt: Der gefüllte Darm wird am oberen Ende mit einem Wurstband abgebunden. Das überstehende freie Ende wird zusammengerollt und mit dem Wurstband im rechten Winkel zum abgebundenen Teil so verknotet, dass es fest auf den abgebundenen Darm gepresst wird. Dadurch kann keine Flüssigkeit und/oder kein Fett aus dem Darm auslaufen.

Die Herstellung dieser Hausmacherleberwurst ist etwas aufwendiger, dafür werden Sie aber durch ihren hervorragenden Geschmack reichlich belohnt.

Würzig geräucherte Fische

Fisch kann sowohl liegend als auch hängend geräuchert werden. Hierbei ist jedoch Vorsicht geboten, damit das zarte Fleisch beim Aufhängen nicht beschädigt wird.

Schinken und Würste nach eigenem Geschmack sind Spezialitäten, die in keinem Fachgeschäft angeboten werden können. Ebenso einmalig sind selbst geräucherte Fische mit ihrem unübertrefflich delikaten Aroma.

Vorbereitung der Fische

Die meisten Räucherfans werden vermutlich die Fische schon küchenfertig beim Fachhändler erwerben – es sei denn, sie sind selbst Fischer, Angler oder zählen solche zu ihrem Freundeskreis. Aber auch wenn der Fisch bereits tot und ausgenommen ist, so stehen dennoch einige Arbeiten vor dem Räuchern.

Fisch ist ein sehr gesundes Lebensmittel. Er enthält fast alle für die menschliche Ernährung notwendigen Aminosäuren, ist reich an Enzymen und leicht verdaulich. Fisch ist ideale Schonkost.

Zuschneiden

Fische können ganz, als Hälften, als Filets oder als Scheiben (Steaks) geräuchert werden. Welche Form Sie wählen, hängt von Ihrem Geschmack und Ihren Räuchermöglichkeiten ab. Aale werden Sie in der Regel in einem Stück räuchern, vorausgesetzt, Sie haben den entsprechend großen Ofen. Fische mit einem Gewicht bis zu 500 Gramm können in fast jedem Räucherofen in einem Stück geräuchert werden. Größere Fische müssen meistens geteilt werden.

Halbieren

Sollen die Hälften des Fisches am Bauch zusammenhängend bleiben, darf der Fisch vor dem Halbieren nicht ausgenommen werden. **1** Der Fisch wird zunächst von der Rückenseite aus entlang dem Grätenstrang von hinten nach vorne aufgetrennt. Die Bauchhöhle darf nicht mit dem Messer berührt werden. **2** In Höhe des Afters wird

1 *Trennen Sie den Fisch am Rücken entlang dem Grätenstrang von hinten nach vorne auf.*

2 *Durchstoßen Sie den Fisch in Höhe des Afters waagrecht in Richtung Schwanzflosse.*

3 *Durchtrennen Sie die Bauchgräten in Richtung Kopf und halbieren Sie den Kopf ebenfalls.*

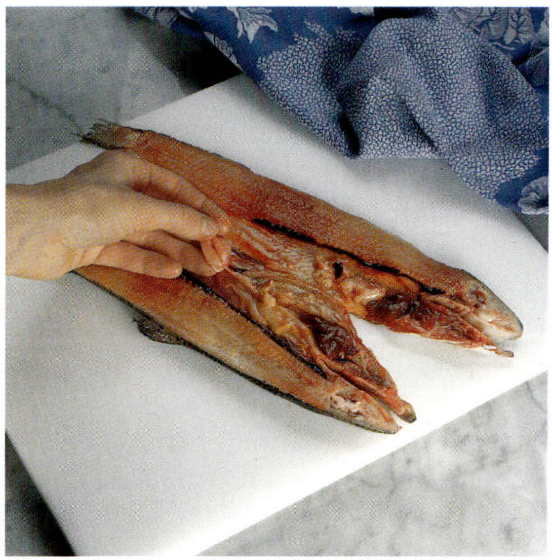

4 *Klappen Sie den Fisch auf und entfernen Sie die Eingeweide sowie die Kiemen.*

der Fisch waagerecht mit dem Messer durchstoßen und in Richtung Schwanzflosse halbiert. **3** Nun werden die Bauchgräten in Richtung Kopf durchtrennt, und der Kopf wird ebenfalls halbiert. **4** Der Fisch wird aufgeklappt, und die Eingeweide werden entnommen. Als letztes werden die Kiemen entfernt. Da das Halbieren des Fisches vom Rücken her für Ungeübte sehr schwierig ist, ist es ratsam, dies vom Fischhändler machen zu lassen.

Filetieren

1 Der Kopf wird zusammen mit den Brustflossen mit einem Schrägschnitt abgetrennt. **2** Die Schwanzflosse wird abgeschnitten. **3** Die Rücken- und Afterflossen werden herausgelöst. **4** Die Bauchseite wird vom After bis zum Schwanz aufgeschnitten. **5** Der Rücken wird von vorne nach hinten aufgeschnitten. Dann wird das Messer vorsichtig über die Mittelgräte nach vorne geführt. Die erste Hälfte ist filetiert. **6** Die Mittelgräte wird vorsichtig abgezogen. **7** Die letzten Gräten vor dem After, die beim Abziehen in der Regel abreißen, werden am besten mit einer Pinzette entfernt. **8** Von den Filets kann, wenn man will, der Fettansatz am Rücken abgeschnitten werden. Plattfische werden am einfachsten in vier Teile filetiert, indem nach dem Abtrennen von Kopf und Flossen entlang der Mittelgräte eingeschnitten und das Fleisch zu den Rändern hin abgelöst wird.

Seien Sie nicht enttäuscht, wenn Ihnen das Zerteilen eines Fisches nicht auf Anhieb gelingt. Halbieren, Filetieren und Enthäuten bedürfen einiger Übung. Auch hier gilt: Übung macht den Meister.

Enthäuten

Das Filet wird mit der Hautseite nach unten gelegt. Das Schwanzende wird festgehalten und das Fleisch mit einem schräg gehaltenen Messer langsam in Richtung Kopf von der Haut gelöst. Damit Sie die Haut besser halten können, fassen Sie sie mit einem Tuch an oder tauchen Ihre Hände vorher in Salz.

Scheiben oder Steaks schneiden

Große Fische, wie z. B. Karpfen, Steinbutt, Seelachs, Kabeljau, lassen sich am besten in Scheiben (Steaks) räuchern. Nach dem Ausnehmen werden Kopf und Flossen abgetrennt, und der Fisch wird in Querrichtung in etwa vier bis fünf Zentimeter dicke Scheiben geschnitten. Um gleichmäßige Portionen zu erhalten, sollten die Stücke zum dünner werdenden Schwanzende hin etwas breiter geschnitten werden.

Salzen

Das Salzen erfolgt generell, wie im Kapitel »So wird richtig geräuchert« (siehe Seite 18ff.) beschrieben. Eine allgemein verbindliche Formel für das Salzen gibt es nicht. Die Dauer hängt von der Größe und dem Gewicht des Fisches, der Schärfe der Lake und von Ihrem persönlichen Geschmack ab.

Trocken salzen

Ganz allgemein gilt, dass beim Trockensalzen die Fische etwa ein bis eineinhalb Stunden im Salz bleiben. Der Vorteil dieser Methode ist: Die Fische können schnell geräuchert werden und sind schon nach kurzer Zeit speisefertig. Nachteilig ist, dass die Fische nicht an allen Stellen gleichmäßig gesalzen werden können.

Fische dürfen nicht zu feucht in den Räucherofen gehängt werden. Sie würden im heißen Rauch schneller garen als räuchern und von den Halterungen fallen.

In Lake salzen

Beim Salzen in Lake lässt man die Fische bei einer siebenprozentigen Lake (siehe Seite 26) je nach Stärke etwa sechs bis zwölf Stunden ziehen. Die Zeit kann durch höhere Lakekonzentrationen verkürzt werden. Je stärker die Lake, umso kürzer die Pökelzeit.

Trocknen

Fische müssen nach dem Salzen und Spülen (siehe Seite 24) gut getrocknet werden, da sie sonst keine gleichmäßig schöne Räucherfarbe annehmen. Sie sind richtig getrocknet und fertig zum Räuchern, wenn sich eine feste, leicht glänzende Haut gebildet hat. Die Zeit hierfür beträgt je nach Fischart, Größe und Umweltbedingungen ein bis drei Stunden. Zum Trocknen sollten die Fische an einem nicht zu warmen, vor Insekten geschützten, gut belüfteten Ort aufgehängt werden. Auf keinen Fall dürfen sie in der prallen Sonne getrocknet werden.

Lagern der Fische im Räucherofen

Fische können aufgehängt oder liegend geräuchert werden. Wichtig ist, dass sie sich beim Räuchern nicht berühren, damit der Rauch alle Seiten gleichmäßig erreichen kann. Im Einzelnen gibt es die folgenden Möglichkeiten.

Aufhängen

- Mit S-Haken. Sie werden bei kleineren Fischen in den Unterkiefer oder unterhalb des Schlüsselbeinknochens eingestochen.
- Mit Stangen. Sie werden ebenfalls unterhalb des Schlüsselbeinknochens quer zum Fisch eingestochen.
- Mit speziellen Fischhaken. Sie werden vor allem bei größeren, schweren Fischen verwendet und von der Bauchhöhle aus in den Rücken des Fisches gestochen.
- Mit Band. Das Band wird unterhalb der Schwanzflosse am sinnvollsten mit einem Mastwurfknoten befestigt und mit dem losen Ende an die Räucherstange gebunden. Aale können mit zwei Knoten, einer unterhalb der Brustflossen und der zweite unterhalb des Schlüsselbeinknochens, aufgehängt werden.
- Mit Hilfe von Reihenspießen. Die Fische werden unterhalb des Kopfes oder vor der Schwanzflosse auf die Spieße geschoben.
- Mit Nägeln. Filets oder halbierte Fische können am oberen Ende mit Nägeln an hölzernen Räucherstäben befestigt werden.

Tiefgefrorene Fische müssen vor dem Räuchern aufgetaut werden. Damit sie nicht an Frische verlieren, muss dies schnell geschehen. Legen Sie den Fisch zum Auftauen in einen Topf mit Wasser, und lassen Sie so lange frisches Wasser nachlaufen, bis der Fisch aufgetaut ist. Danach behandeln Sie ihn wie einen frischen Fisch.

Liegende Lagerung

- Auf Flachrosten. Kleine Fische, Filets oder Scheiben (Steaks) können auf Flachrosten geräuchert werden. Um ein gleichmäßiges Räuchern sicherzustellen, sollen die Drähte der Roste nicht stärker als einen Millimeter und sehr grobmaschig geflochten sein. Filets werden mit der Hautseite nach unten gelegt. Kleine Fische und Scheiben sollten nach der Hälfte der Räucherzeit gewendet werden. Damit die Fische nicht festkleben, werden die Roste mit Speiseöl eingefettet.
- Auf Spezialrosten. Diese Roste sind so geformt, dass längliche Fische mit dem Rücken nach unten hineingelegt und so in Position gehalten werden können.

Würzen und Räuchern

Das Würzen und Räuchern der Fische nehmen Sie bitte so vor, wie bereits auf den Seiten 24ff., 32ff. und 50ff. beschrieben.

Zum Räuchern geeignete Fische

Grundsätzlich kann jeder Fisch geräuchert werden. Wichtig ist, dass der Fisch frisch ist. Sie können dies daran erkennen, dass der Fischgeruch nicht ausgeprägt ist, weißer Fisch eine cremig weiße Farbe hat, die Augen voll und glänzend und die Kiemen noch kräftig rot sind. Tiefgefrorene Fische können wie frischer Fisch geräuchert werden. Im Folgenden finden Sie eine Auswahl von Fischen, die sich besonders gut zum Räuchern eignen.

Am besten schmeckt der Fisch, wenn er warm aus dem Räucherofen kommt. Kann er nicht sofort verzehrt werden, muss er einzeln gelagert an einem staubfreien, kühlen, luftigen Ort abkühlen. Je nach Größe und Gewicht müssen Sie dafür bis zu zwei Stunden rechnen.

Aale

Sie leben sowohl im Salz- als auch im Süßwasser. Geräuchert wird der Flussaal. Während seiner Wachstums- und Fressphase wird er als Gelbaal bezeichnet. Später, wenn er geschlechtsreif ist und zum Meer abzuwandern beginnt, wird er Blank- oder Silberaal genannt. In dieser Lebensphase ist das Fleisch fester und die Haut dicker als beim Gelbaal. Auch muss man zwischen Breitkopf- und Spitzkopfaalen unterscheiden. Breitkopfaale sind Raubfische, fressen vor allem kleinere Fische und besitzen einen Fettgehalt von ungefähr zwölf Prozent. Spitzkopfaale sind Kleintierfresser. Sie bevorzugen Würmer, Muscheln, Schnecken und Krebse und haben einen Fettanteil von ca. 30 Prozent. Sie eignen sich besonders gut zum Räuchern. Grundsätzlich sollten nur Aale von gleicher Größe zusammen geräuchert werden.

Maränen, Renken, Felchen, Reinanken

Hierbei handelt es sich um die gleiche Fischart, die nur regional unterschiedlich benannt wird. Sie gehört zur Familie der euroasiatischen Süßwasserfische, die von den Alpen bis Sibirien vorkommt: Ein besonders wohlschmeckender Edelfisch, der sich gut räuchern und, da ihm die lästigen Zwischenmuskelgräten fehlen, auch gut verzehren lässt.

Dornhai
Der Dornhai aus der Familie der Stachelhaie hat vor seinen Rückenflossen jeweils einen Stachel. Er lebt in Schwärmen im Nordatlantik, wird bis zu 1,2 Meter lang und wiegt etwa zehn Kilogramm. Seine Bauchlappen werden zu den beliebten Schillerlocken geräuchert. Die geräucherten Rückenteile des Dornhais werden als Seeaal verkauft.

Dorsch, Kabeljau
Zwei Namen für einen Fisch. Der atlantische Kabeljau erreicht ein Durchschnittsgewicht von ca. 20 Kilogramm, der Nordseekabeljau etwa sieben Kilogramm, der Ostseekabeljau ist etwas kleiner. Kleine Exemplare können im Ganzen geräuchert werden, große Fische werden gewöhnlich in Scheiben geschnitten.

Forellen (Bach- und Regenbogenforelle)
Die Forellen haben als Räucherfische erst relativ spät unseren Speisezettel erobert. Wild leben sie in schnell fließenden sauberen Gewässern. Die im Handel erhältlichen Forellen stammen gewöhnlich aus Fischzuchtanstalten. Ihr Fleisch ist sehr schmackhaft. Sie können als ganze Fische in Portionsgröße von etwa 250 bis 400 Gramm oder als Filets geräuchert werden.

Hering
Der Hering ist der klassische Räucherfisch. Er kommt sowohl in der Nordsee als auch in der Ostsee vor. Nicht ganz ausgenommen, wird er goldgelb zum Bückling geräuchert. Vollständig ausgenommen und ohne Kopf geräuchert, gilt er als Delikatessbückling.

Hering war früher ein Armeleuteessen. Heute hat er sich zu einer Delikatesse gemausert. Zubereitet kommt er als grüner Hering, Salzhering, Matjes, Bismarckhering, Rollmops, gebratener Rollmops, eingelegter Brathering und in vielen anderen Varianten auf den Tisch.

Karpfen
Die im Handel erhältlichen Karpfen stammen überwiegend aus der gewerblichen Teichwirtschaft. Sie werden im Herbst »geerntet«. Als Räucherfisch ist er noch ein Geheimtipp, denn gewöhnlich wird er »blau« gedünstet oder gebacken verzehrt. Doch sein zartes Fleisch ergibt eine ausgezeichnete Räucherware. Wegen seiner Größe muss er zum Räuchern halbiert oder in Scheiben geschnitten werden.

Lachs

Einen Lachs zu räuchern dürfte für jeden Räucherbegeisterten die Krönung sein. Normalerweise lebt er in den Meeren und zieht nur zum Laichen die Flüsse hinauf. Während dieser Zeit kann er geangelt werden. Lachse, die man bei uns kaufen kann, stammen in der Regel aus Zuchtanstalten in Norwegen oder Schottland. Er wird entweder in Scheiben oder der Länge nach geteilt fein gewürzt geräuchert.

Makrele

Die Makrele gehört einer sehr artenreichen Fischfamilie an, deren Hauptlebensräume die wärmeren Gewässer sind. In unseren Breiten leben nur zwei Arten. Die bei uns im Handel befindliche Makrele wird bis zu 50 Zentimeter lang und bis zu eineinhalb Kilogramm schwer. Das Fleisch ist fest und schmackhaft. Da die Makrele preisgünstig angeboten wird, eignet sie sich gut für den Anfänger.

Plattfische (Flunder, Kliesche, Scholle, Steinbutt, Seezunge)

Plattfische sind Salzwasserfische, die jedoch nicht vom Salzgehalt des Wassers abhängig sind. Ihr Lebensraum reicht bis in die süßwasserhaltigen Flussmündungen. Sie sind hervorragend zum Räuchern geeignet. Geräuchertes Seezungenfilet gilt als Delikatesse. Aber auch geräucherte Schollenfilets, ganze Flundern oder Steinbuttsteaks schmecken hervorragend.

Am haltbarsten ist Räucherfisch vakuumverschweißt. Er kann jedoch auch im Kühlschrank bei niedrigen Temperaturen bis zu zwei Wochen aufbewahrt werden. Vor dem Essen sollten Sie ihn im Backofen aufwärmen. Das Räucheraroma wird dadurch intensiviert und das Fett bekömmlicher.

Schellfisch

Der Schellfisch ist ebenfalls ein Salzwasserfisch, der im Atlantik, aber auch in der Nordsee lebt. Sein Fleisch lässt sich, leicht gesalzen, gut in Scheiben räuchern.

Weißfische (Schleie, Brassen etc.)

Weißfisch ist der Sammelname für die in unseren Seen und Flüssen lebenden karpfenähnlichen Fischarten. Sie sind alle zum Räuchern geeignet. Kenner schätzen besonders das Fleisch der Schleie und der Brasse. Letztere ist unter dem Namen Blei besonders in Bayern beliebt. Sie wird etwa zwei Kilogramm schwer und besitzt festes Fleisch.

Räucherrezepte für Fisch

Fische sind ein ideales Naturprodukt zum Räuchern. Außerdem gestaltet sich die Arbeit am Fisch für den Anfänger etwas einfacher als das Fleisch- oder Wursträuchern.

Geräucherter Aal

Zubereitung

1 Aale wie beschrieben (siehe Seite 72ff.) vorbereiten. **2** In 7-prozentige Salzlake (siehe Seite 26) legen und je nach Größe ca. 10 bis 12 Stunden ziehen lassen. **3** Abwaschen, gut abtrocknen und noch mit feuchter Haut mit Hilfe von S-Haken oder Band in den mit Buchenholz vorgeheizten Räucherofen hängen. Damit sich die Bauchlappen öffnen, sollte die Temperatur bei 95 bis 100 °C liegen (siehe Seite 33f.). **4** Luftfeuchtigkeit und Temperatur müssen kontrolliert und mit Hilfe der Absperrklappe reguliert werden. Der Aal soll geräuchert werden und nicht gedünstet. **5** Nach 15 bis 30 Minuten, wenn die Bauchlappen offen sind, wird die Temperatur langsam reduziert. **6** Bei 70 °C wird er je nach Größe $1^1/_2$ bis 2 Stunden lang geräuchert. Die Rauchabsperrklappe soll dabei immer etwas geöffnet sein, damit ausreichend Luft durch die Räucherkammer strömen kann. Der Aal ist fertig geräuchert, wenn sich im Nacken Querfältchen bilden.

Räucherfischsalat: Spaghetti bissfest kochen und abkühlen lassen, Tomaten, grüne und rote Paprika und Gewürzgurken würfeln und darunter mischen, zerkleinerten Räucherfisch darunter heben und mit Tomatenketchup, Mayonnaise, Salz und Pfeffer abschmecken.

Geräucherte Makrele

Zubereitung

1 Die Makrele ausnehmen lassen, gründlich waschen und über Nacht in eine 7-prozentige Salzlake (siehe Seite 26) legen. **2** Gut spülen, trocknen und anschließend bei bei 70 bis 80 °C ca. 1 Stunde heißräuchern. **3** Wenn Sie es kräftig gewürzt mögen, können Sie sie auch mit einer Gewürzmischung (siehe Seite 50ff. oder gekauft) vor dem Räuchern würzen. Das Würzen ist bei Makrelen allerdings nicht unbedingt nötig.

Geräucherte Forelle

Zutaten

Die Forellen sollten Portionsgröße, etwa 250 bis 350 Gramm, haben.

Forellen nach Bedarf · 7%ige Salzlake (siehe Seite 26)

Zubereitung

1 Bereiten Sie die Fische wie beschrieben vor (siehe Seite 72ff.). **2** Stellen Sie wie beschrieben die Salzlake her und lassen Sie die Fische 10 Stunden darin ziehen. **3** Abwaschen, mit einem Tuch abtrocknen, an der Luft trocknen lassen, bis die Haut fest ist. **4** Bei 70 bis 80 °C ca. 1 Stunde heiß mit Buchenholz räuchern. Gefrorene oder abgelagerte Forellen brauchen nur etwa 8 Stunden in der Salzlake zu ziehen. Die Forelle schmeckt am besten, wenn sie frisch geräuchert gegessen wird. Als Räuchermittel kann beispielsweise Buchenholzmehl oder auch eine gewürzte Holzmehlmischung verwendet werden.

Geräucherter Karpfen

Zutaten

1 Karpfen · Salzlake je nach Größe · Gewürzmischung

Zubereitung

1 Den Karpfen wie beschrieben vorbereiten (siehe Seite 72ff.). **2** Kleine Karpfen können in einem Stück geräuchert werden, größere müssen halbiert oder in Scheiben geschnitten werden. **3** Je nach Größe in 5- bis 7-prozentige Salzlake (siehe Seite 26) legen. Abhängig von der Größe 6 bis 12 Stunden ziehen lassen. **4** Abspülen und abtrocknen. **5** Mit einer Gewürzmischung (siehe Seite 50ff. oder gekauft) innen und außen würzen. **6** Über Nacht an einem kühlen, luftigen Ort trocknen. **7** Je nach Größe 30 bis 60 Minuten bei 170 °C heißräuchern (siehe Seite 33f.).

Tipp

Die Lake kann mit Gewürzmischungen und/oder Zwiebeln und Knoblauch verfeinert werden.

Überwachen Sie die Temperatur unbedingt mit einem Thermometer. Wenn die Kammertemperatur zu hoch ist, gart der Fisch schneller, als er räuchert, und fällt vom Haken, bevor er die gewünschte goldgelbe Farbe hat.

Lachs heißgeräuchert

Zutaten

1 mittelgroßer Lachs · 7%ige Salzlake (sieh Seite 26) · Gewürzmischung (siehe Seite 50ff.) oder Zitronensaft

Zubereitung

Nicht verzehrte Lachsreste sollten Sie nicht wegwerfen. Sie lassen sich als Beigaben zu Fischsuppen verwenden oder zu schmackhaften Fischaufläufen und Fischsalaten verarbeiten.

1 Lachs wie beschrieben (siehe Seite 72ff.) vorbereiten und filetieren. **2** Filets für 12 Stunden in die Salzlake geben. **3** Abspülen und 12 Stunden trocknen lassen. **4** Mit einer Gewürzmischung würzen oder mit Zitronensaft beträufeln. **5** Bei 170 °C etwa 30 bis 35 Minuten räuchern.

Variante

1 Etwa 1 Kilogramm Lachsfilet mit einer Mischung aus Salz und Zucker (je 2 Esslöffel) bestreichen, mit den Hautseiten nach außen aufeinander legen, zwischen zwei Holz- oder Plastikbretter legen, in Folie wickeln und beschweren. **2** In den Kühlschrank legen. Nach 10 bis 12 Stunden wenden. **3** Nach insgesamt 20 bis 24 Stunden herausnehmen, abtrocknen. **4** Bei 65 bis 70 °C 50 bis 60 Minuten heißräuchern (siehe Seite 33f.). Als Rauchmittel ist Buchenholz oder eine Räuchermehlmischung geeignet.

Lachs kaltgeräuchert

Zutaten

1 mittelgroßer Lachs · 2 EL Salz · 1 EL Zucker · 1 EL grob gemahlener weißer Pfeffer · 1 Bund Dill

Zubereitung

1 Lachs wie beschrieben (siehe Seite 72ff.) vorbereiten und filetieren. Die Haut wird nicht abgelöst. **2** Die Gewürze mischen, die Dillstängel grob zerteilen. **3** Zwei Holz- oder Plastikbretter in Größe der Filets bereitlegen. Das erste Brett mit der Gewürzmischung bestreichen und mit Dillstücken belegen. **4** Ein Lachsfilet von beiden Seiten mit Speiseöl leicht einstreichen und auf die Gewürzmischung legen. **5** Die Innenseiten beider Filets mit der Gewürz-

2 *Vermischen Sie die die Gewürze miteinander und zerteilen Sie die Dillstengel grob.*

3 + 4 *Legen Sie ein eingeöltes Lachsfilet auf ein mit den Gewürzen bestrichenes Küchenbrett.*

6 *Legen Sie ein zweites Filetstück gegengleich darauf und bestreichen Sie es mit den Gewürzen.*

9 *Legen Sie die Filets auf einen Grillrost und räuchern Sie es bei schwachem Rauch kalt.*

mischung bestreuen und das liegende Teil mit Dillstücken belegen. **6** Das zweite Filet mit der Fleischseite darauf geben. Die Hautseite mit der Gewürzmischung einreiben und mit Dillstücken garnieren. **7** Das zweite Brett darauf legen, alles mit Alufolie dicht verschließen, in den Kühlschrank stellen. **8** Nach 18 Stunden die Filets wenden. **9** Nach weiteren 18 Stunden die Filets entnehmen, auf einen Grillrost legen, mit schwachem Rauch je nach Größe 16 bis 24 Stunden kalträuchern (siehe Seite 32).

Würzen Sie die Fische nie zu intensiv, damit das arttypische Aroma nicht verloren geht. Weniger ist in den meisten Fällen besser als ein Zuviel. Mit dem Würzen soll nur der feine Fischgeschmack hervorgehoben werden.

Geräucherte Heilbuttscheiben

Zutaten für 100 g Fisch

5 g Salz · Gewürzmischung (siehe Seite 50ff.)

Zubereitung

1 Den Heilbutt wie beschrieben (siehe Seite 72ff.) vorbereiten, in Portionsstücke schneiden und über Nacht trocknen lassen. **2** 2 Stunden vor dem Räuchern einsalzen. **3** Salz abwischen und mit einer Fischgewürzmischung (siehe Seite 50ff. oder gekauft) würzen. **4** Bei 120 bis 150 °C 15 bis 25 Minuten räuchern.

Geräucherte Seezunge oder Scholle

Zutaten

Seezunge nach Bedarf · 7%ige Salzlake · Gewürzmischung (siehe Seite 50ff.)

Zitronensaft · einige Petersilienstängel · Speckwürfel

Zubereitung

1 Fische wie beschrieben (siehe Seite 72ff.) vorbereiten. **2** 2 bis 3 Stunden in Salzlake legen. **3** Abspülen und abtrocknen. **4** Innen und außen mit einer Fischgewürzmischung würzen. Die Petersilie hacken. **5** Die Fische auf einen Flachrost legen (Rost vorher leicht einölen), mit Zitronensaft beträufeln und mit Petersilie und Speckwürfeln belegen. **6** Bei 150 °C etwa 15 bis 20 Minuten heißräuchern (siehe Seite 33f.).

Geräucherter Hering (Bückling)

Zutaten

Hering nach Bedarf · 7%ige Salzlake (siehe Seite 26) · 30 g Zucker
3 EL Essig

Zubereitung

1 Hering wie beschrieben (siehe Seite 72ff.) vorbereiten. **2** In der Salzlake, die mit Zucker und Essig verfeinert wird, 3 bis 4 Stunden ziehen lassen. **3** Danach 1 bis 2 Tage trocknen lassen. **4** Bei 80 °C etwa 2 Stunden heißräuchern (siehe Seite 33f.).

Zander und Hecht

Zutaten

1 mittelgroßer Fisch · 7%ige Salzlake (siehe Seite 26) · eigene Gewürzmischung (oder nach Seite 50ff.) · Zitronensaft

Zubereitung

1 Fische wie beschrieben (siehe Seite 72ff.) vorbereiten und die Schuppen entfernen. **2** Große Fische halbieren oder in dicke Scheiben schneiden. **3** Je nach Größe 6 bis 12 Stunden in Salzlake ziehen lassen. **4** Gut abspülen. Schleim und Blut müssen vollständig entfernt sein. **5** Bauchhöhle mit Zitronensaft beträufeln und mit der Gewürzmischung würzen. **6** Bei 180 °C 30 bis 35 Minuten heißräuchern. Gut geeignet ist dazu auch ein Druckkammergerät.

Verzehren Sie Räucherfisch nicht zu kalt, schon gar nicht, wenn er direkt aus dem Kühlschrank kommt. Das Raucharoma ist am besten entfaltet, wenn Sie den Räucherfisch handwarm servieren.

Genießen Sie diesen geräucherten Zander am besten direkt nach dem Räuchern, solang er noch warm ist.

Räucherspezialitäten

Probieren Sie doch einmal, Käse zu räuchern. Nahezu jede Sorte lässt sich dafür verwenden.

Geräucherte Spezialitäten sind, wie das Wort bereits ausdrückt, etwas ganz Besonderes. Daher soll diesen »Besonderheiten« von Geflügel über Steaks, Kartoffeln, Austern, Shrimps bis hin zu Nüssen und Früchten ein eigenes kleines Kapitel gewidmet sein.

Geräucherte Gänsebrust

Zutaten

1 ausgebeinte Gänsebrust · Salz nach Bedarf · Wurstband

Zubereitung

1 Die Brust kräftig von allen Seiten mit Salz einreiben. **2** Fest zu einer Rolle zusammendrehen. Die Haut muss dabei nach außen zeigen. **3** Um die Rolle in einem Abstand von ca. 1 Zentimeter das Wurstband sehr fest binden. **4** Die Gänsebrust in eine Schüssel legen und zum Pökeln für 4 Tage an einen kühlen Ort stellen. **5** Um zu verhindern, dass sich Hohlräume in der Gänsebrust bilden, anschließend 6 Tage lang zwischen zwei Brettern, die mit Steinen beschwert werden, pressen. **6** Dann 14 Tage lang kalträuchern (siehe Seite 32).

Für das Gelingen einer geräucherten Gänsebrust ist es von entscheidender Bedeutung, dass die Brust fest zusammengepresst wird. Hohlräume im Fleisch verhindern ein gleichmäßiges Durchpökeln, verursachen graue Stellen und fördern damit das Verderben der Gänsebrust.

Geräucherte Putenbrust

Zutaten für 1 l Pökellake pro 1 kg Fleisch

Ausgebeinte Putenbrust · 65 g Salz · 1/2 TL Senfkörner · 1 Lorbeerblatt
1 TL Wacholderbeeren · 1/2 TL weißer Pfeffer · 1 Zwiebel

Zubereitung

1 Die Zwiebel hacken. **2** Aus Wasser, Salz und Gewürzen die Lake kochen. **3** Die Putenbrust in eine Pökelwanne geben und mit der Pökellake übergießen. Das Fleisch muss vollständig bedeckt sein.

4 1 Tag pökeln. **5** Die Putenbrust gut abtrocknen. **6** Bei 135 °C je nach Gewicht $2^1/_2$ bis 3 Stunden garen. **7** Während der letzten $1^1/_2$ Stunden mit heißem Rauch räuchern (siehe Seite 33f.). **8** Die geräucherte Putenbrust muss rasch abgekühlt und tiefgefroren oder bald verzehrt werden.

Tipp

Wenn der Räucherofen die 135 °C nicht die ganze Zeit halten kann, muss die Putenbrust zuvor in einem Ofen vorgegart und anschließend im Räucherofen heißgeräuchert werden. Flügel und Schenkel von der Pute können ebenfalls geräuchert werden. Sie benötigen entsprechend ihrer Größe weniger Zeit.

Geräucherte Eier

Zubereitung

1 Die Eier in 8- bis 10-prozentiger Salzlake (siehe Seite 26) kochen. **2** Abschrecken und abpellen. Die Eier müssen fast hart gekocht sein, damit sie nach dem Pellen nicht ihre Form verlieren. **3** Den Räucherofen vorheizen und die Eier bei 25 bis 30 °C so lange räuchern (ca. 10 Minuten), bis sie eine gelbbraune Farbe bekommen haben. Die Eier schmecken sowohl kalt als auch warm. Als Rauchmittel eignet sich Buchenholz.

Geräucherte Eier eignen sich gut als Partysnacks. Servieren Sie die halbierten Eier auf einer Platte, garniert mit frischen Kräutern und etwas Kaviar in der Mitte.

Liebhaber von zartem Putenfleisch werden auch von dieser Variante, einer geräucherten Putenbrust, begeistert sein.

Geräucherte Austern

Auch Miesmuscheln lassen sich räuchern. Die gut gewaschenen Muscheln werden auf ein Tropfblech gelegt, mit Öl beträufelt und nach Geschmack mit Salz, Pfeffer und Zwiebeln bestreut. Abschließend mit etwas Weißwein übergießen und bei 180 °C 30 bis 35 Minuten räuchern.

Zubereitung

1 Frische Austern ohne Schale in ein Sieb geben und in kochendes Wasser tauchen, bis die Kiemen anfangen, sich zu kräuseln. Die Austern sind dann etwas geschrumpft, und das Fleisch ist fester geworden. **2** Mittlere Austern für ca. $^1/_2$ Stunde in eine 7-prozentige Salzlake (siehe Seite 26) geben, größere müssen bis zu $^3/_4$ Stunden ziehen. **3** Danach auf einen eingeölten Flachrost oder eine ebenfalls eingeölte Alufolie legen. **4** In die Folie müssen vorher viele Löcher gedrückt werden, damit der Rauch die Austern gut darin erreichen kann. **5** Etwa 30 Minuten lang bei 25 bis 30 °C räuchern. Anschließend wird die Temperatur für etwa 20 bis 30 Minuten auf 65 °C erhöht. Die Austern sind fertig, wenn die Kiemen trocken aussehen. Probieren Sie aber unbedingt, ob die Austern tatsächlich schon gut sind, bevor Sie sie aus dem Rauch nehmen. Geräucherte Austern schmecken am besten, wenn sie frisch aus dem Rauch kommen. Genießen Sie sie mit einem guten Weißwein.

Geräucherte Shrimps

Zubereitung

1 Frische Shrimps lässt man je nach Größe 15 bis 45 Minuten in einer 7-prozentigen Salzlake (siehe Seite 26) ziehen. **2** Danach kurz abspülen, abtupfen und auf einen eingeölten Flachrost oder eine eingeölte, durchlöcherte Alufolie legen. **3** Sie werden zunächst für ca. 15 Minuten bei 30 °C geräuchert. **4** Danach wird die Temperatur auf 55 bis 60 °C erhöht. **5** Nach insgesamt 1 bis $1^1/_2$ Stunden sollten sie eine kräftige gelbbraune Farbe haben und fertig sein. Probieren Sie, ob die Shrimps gut sind, bevor Sie sie aus dem Rauch nehmen. Geräucherte Shrimps schmecken sowohl warm als auch kalt ganz hervorragend.

Tipp

Auch ein fertiges Shrimpsgericht mit Reis oder Nudeln oder Shrimps mit Gemüsen und überbacken schmeckt hervorragend, wenn es vor dem Servieren kurz heißgeräuchert wurde.

Geräucherter Käse

Nahezu jede Käsesorte kann geräuchert werden. Zu beachten ist allerdings, dass weicher Käse mehr Rauch annimmt als fester. Damit der Räuchergeschmack nicht zu streng wird, sollten Sie den Käse nur in leichten Rauch stellen. Ein unvergleichliches Aroma wird Sie belohnen.

Zubereitung

1 Beliebigen Käse in Scheiben oder Würfeln auf eine eingeölte, durchlöcherte Alufolie legen. 2 Die Räuchertemperatur unter 25 °C halten. 3 Käsescheiben oder -würfel von 2 bis 2 1/2 Zentimeter Stärke etwa 1 1/2 bis 2 Stunden räuchern. Probieren Sie, ob der Käse gut ist, bevor Sie alle Scheiben oder Würfel aus dem Rauch nehmen. 4 Nach dem Räuchern den Käse kurz abkühlen lassen, in Folie einwickeln oder in einen luftdicht schließenden Behälter geben und in den Kühlschrank legen. 5 Etwa 1 bis 2 Stunden vor dem Servieren aus dem Kühlschrank nehmen, damit der Käse bei Zimmertemperatur sein volles Aroma entfalten kann.

Käse verliert während des Räucherns einen Teil seines Wassers und wird fester. Den Bakterien wird der Nährboden entzogen. Deshalb verdirbt ein geräucherter Käse nicht so schnell wie ein frischer.

Geräucherte Nüsse, Kürbis- oder Sonnenblumensamen

Fast alle Nüsse (Haselnüsse, Walnüsse, Erdnüsse, Paranüsse, Pistazien etc.) oder auch die verschiedensten Nussmischungen können geräuchert werden. Das Verfahren mit leichtem Rauch und Alufolie ist bei allen gleich.

Ungesalzene Nüsse

Zubereitung

1 Die Nüsse auf eine stark durchlöcherte Alufolie legen. Sie sollen sich nicht berühren. 2 Dann mit sehr leichtem dünnen Rauch bei 25 bis 30 °C etwa 2 bis 3 Stunden lang räuchern. Seien Sie aber vorsichtig! Achten Sie darauf, dass der Rauch nicht zu stark wird. Die Nüsse nehmen sonst einen unschönen, verbrannten Geschmack an, und alles ist verdorben.

Gesalzene Nüsse

Geräucherte Nüsse und Samen eignen sich als Partysnaks. Um ihnen einen pikanten Geschmack zu geben, kann die Lake mit 2 Teelöffeln Worcestersauce auf 1 Liter Lake gewürzt werden.

Zubereitung

1 Die Nüsse kommen für ein paar Minuten in eine leichte Salzlösung. **2** Gut abtropfen und trocknen lassen. **3** Anschließend mit leichtem dünnen Rauch bei 25 bis 30 °C die Nüsse 2 bis 3 Stunden lang räuchern. Der Rauch darf keinesfalls zu stark werden, sonst bekommen die Nüsse einen verbrannten Geschmack.

Tipp

Die Arbeit mit der Salzlösung können Sie sich ersparen: Die Nüsse können auch in einem Plastikbeutel mit Salz kräftig geschüttelt und dann in den Rauch gegeben werden.

Kürbis- oder Sonnenblumensamen

Zubereitung

1 Die Samen über Nacht in einer kräftigen Salzlösung ziehen lassen. **2** Danach spülen und gut abtropfen lassen. **3** Auf eine Aluminiumfolie mit vielen Löchern streuen. **4** Zunächst bei ca. 30 °C 1 Stunde, danach nochmals etwa 1 Stunde bei 95 bis 105 °C räuchern. Probieren Sie die Samen erst, bevor Sie alle anderen aus dem Rauch nehmen.

Geräucherte Blaubeeren

Dies ist ein altes Indianerrezept! Die Indianer konservierten so die Früchte für den Winter.

Zubereitung

1 Die Blaubeeren waschen, trocknen und auf einem sehr feinen Drahtrost verteilen. **2** Bei etwa 25 bis 30 °C so lange räuchern, bis sie schrumpelig wie Korinthen aussehen. **3** Nach dem Räuchern und Abkühlen in ein nicht ganz luftdicht schließendes Gefäß füllen. **4** Im Kühlschrank lagern. Geräucherte Blaubeeren schmecken besonders gut zu Eis, aber auch zu vielen anderen Desserts wie beispielsweise Pudding oder Cremespeisen.

Adressen

Bioland-Bundesverband

Postfach 208
73002 Göppingen
Tel. 0 71 61/9 10 12-0
Fax 91 01 27

Bioland-Landesverbände

Baden-Württemberg
Eugenstraße 21
72622 Nürtingen
Tel. 0 70 22/93 26 60
Fax 9 32 66 30

Bayern
Auf dem Kreuz 58
86152 Augsburg
Tel. 08 21/3 46 80-0
Fax 3 46 80 20

Brandenburg
Am Bahnhof 11
14848 Beeskow
Tel. 0 33 66/2 38 30
Fax 2 38 30

Hessen
Hintergasse 23
35325 Mücke-Ruppertenrod
Tel. 0 64 00/80 84
Fax 68 87

Niedersachsen
Riepholm 10
27374 Visselhövede
Tel. 0 42 62/23 06
Fax 44 85

Nordrhein-Westfalen
Im Hagen 5
59069 Hamm-Süddinker
Tel. 0 23 85/18 17
Fax 51 82

Rheinland-Pfalz/Saarland
Rüdesheimer Straße 60–80
55545 Bad Kreuznach
Tel. 06 71/4 43 19
Fax 4 57 23

Schleswig-Holstein
Kieler Straße 26
24582 Bordesholm
Tel. 0 43 22/75 94-0
Fax 75 95 45

Firmen für Räuchergeräte und -bedarf

Weitere Anschriften von Firmen, die Räuchergeräte, Zubehör und Rauchmittel vertreiben, können Sie von der zuständigen Industrie- und Handelskammer oder über den örtlichen Angelverein erfahren.

Firma	**Vertrieben werden**
Balzer GmbH (nur Großhandel) Im Tiegel 8 36367 Wartenberg-Angersbach Tel. 0 66 41/88-0	Räuchergeräte (auch finnische Räuchergeräte) Zubehör
Hans Grassl Apparatebau Postfach 2150 83462 Berchtesgaden/Schönau Tel. 0 86 52/31 92 oder 94 49 14	Räuchergeräte Zubehör Räuchermehl und Gewürze
Hosto Stolz GmbH & Co Postfach 1660 57290 Neunkirchen Tel. 0 27 35/78 31-29	Räuchergeräte Räuchermehl und Gewürze
Rolf-D. Ossa Räuchergeräte Hofacker 6 57299 Burbach Tel. 0 27 36/61 30	Helia-Smoker (Druckkammergerät) Räuchermehl und Gewürze
Siegener Räuchertechnik Halenhorster Straße 5 26197 Großkneten/Halenhorst	Räuchergeräte Zubehör Räuchermehl und Gewürze
VECO AG Waldegg CH-8810 Horgen Tel. CH-01/7 25 31 61	Räucheröfen Räuchermehl und Gewürze
G. Vering Warendorfer Straße 1 48361 Beelen Tel. 0 25 86/2 75	Räuchergeräte Zubehör Räuchermehl und Gewürze
Wolfgang Oberacker Natur & Technik Gellertstraße 12 76 344 Eggenstein Tel. 0 7247/9630-90 Fax. -91	Räuchergeräte

Literaturverzeichnis

Egon Binder, *Räuchern – Fleisch, Wurst, Fisch*, Eugen Ulmer, Stuttgart, 3. Aufl. 1995

Wilbur F. Eastman Jr., *The Canning, Freezing, Curing & Smoking of Meat, Fish & Game*, Storey Communications Inc, 1975

Anneliese und Gerhard Eckert, *Selbst räuchern*, ECON 1985

Herbert Feldkamp/Annegret Weilandt, *Schlachten und Wursten*, Ludwig Verlag 1998

Heinrich Keim, *Das Fachwissen des fortschrittlichen Fleischers*, Deutscher Fachverlag, Frankfurt a. M., 11. Aufl. 1989

A. D. Livingstone, *Cold-Smoking & Salt-Curing, Meat, Fish, Game*, Lyons & Burford Publishers, New York 1995

Prändl/Fischer/Schmidhofer/Sinell, *Handbuch der Lebensmitteltechnologie – Fleisch*, Eugen Ulmer, Stuttgart 1988

Rehborn/Rutkowski, *Das Räuchern von Fischen*, Paul Parey Verlag, Hamburg/Berlin, 6. Aufl. 1993

Elfriede Rosenberger, *Ernährungslehre*, Stam Verlag, Köln/München, 6. Aufl. 1996

Karl-Friedrich Schmidt, *Wurst aus eigener Küche*, Paul Parey Verlag, Berlin/Wien, 5. Aufl. 1996

Karl-Friedrich Schmidt, *Schinkenräuchern – Das neue Hobby*, Paul Parey Verlag, Hamburg/Berlin, 2. Aufl. 1991

Jack Sleight und Raymond Hull, *Home Book of Smoke Cooking, Meat, Fish & Game*, Stackpole Books, Harrisburg, Pennsylvania, 25. Aufl. 1988

Karl Ludwig Schweisfurth/Walter Baumgartner, *Ökologische Qualität im Fleischerhandwerk*, Deutscher Fachverlag, Frankfurt a. M. 1996

Broschüre der Firma Rolf-D. Ossa Räuchergeräte (Helia-Smoker), *Selbst räuchern – Fisch, Fleisch, Wild, Geflügel, Räucherspezialitäten*

Broschüre der Firma Siegener Räuchertechnik, *Siegener Räucherrezepte*

Impressum

5. Auflage 2003

Redaktion:
Brunhilde Thauer

Projektleitung:
Berit Hoffmann,
Inga Zempel

Redaktionsleitung:
Dr. Reinhard Pietsch

Bildredaktion:
Ute Schoenenburg

Illustrationen:
Beate Brömse

DTP-Produktion:
Irmi Putterer, München

Umschlag:
Till Eiden

Produktion:
Manfred Metzger

Druck:
Weber Offset, München

Bindung:
R. Oldenbourg, München

Gedruckt auf chlor- und säurearmem Papier

Printed in Germany

ISBN 3-7787-3643-4

Bildnachweis

Balzer GmbH, Wartenberg-Angersbach: 43, 48; Bilderberg, Hamburg: 1, 72 (Frieder Blickle); Das Fotoarchiv, Essen: 7 (Thomas Mayer), 36 (Jochen Tack), 41 (Knut Müller); Hofmann Rainer, München: 21, 33, 50, 53, 55 (4), 58 (2), 67, 71, 73 (4), 83 (4), 85, 86, 87; Kerth Ulrich, München: Titel, U4, 6, 18, 39; Südwest Verlag, München: 62 (4), 63 (4) (Christian Kargl); Transglobe Agency, Hamburg: 17, 29 (Gerhard Höfer)

Danksagung

Der Balzer GmbH danken wir ganz besonders für die kostenlose Abdruckgenehmigung von zwei Räucheröfen (Seite 43 und 48).

Hinweis

Das vorliegende Buch ist sorgfältig erarbeitet worden. Dennoch erfolgen alle Angaben ohne Gewähr. Weder Autor noch Verlag können für eventuelle Schäden, die aus den im Buch gemachten Hinweisen resultieren, eine Haftung übernehmen.

Über den Autor

Herbert Feldkamp lebt als freier Journalist in Norddeutschland. Er hat jahrelange Erfahrung in der alten Kunst des Räucherns. Außerdem verfügt er über einen reichen Schatz an überlieferten Rezepten und wertvollen Ratschlägen aus Großmutters Zeiten, da in seinem Elternhaus noch selbst geschlachtet und geräuchert wurde.

Sachregister

Rezepteregister